Vorbereiten
auf Ausbildung
und Beruf

WIRTSCHAFT UND VERWALTUNG

Ilona Abel-Utz
Bruno Egglhuber
Hendrik Meints
Rainer Scholz
Kerstin Weinberger

unter Mitarbeit der Verlagsredaktion

westermann

Auf verschiedenen Seiten dieses Buches befinden sich Verweise (Links) auf Internet-Adressen.
Haftungshinweis: Trotz sorgfältiger inhaltlicher Kontrolle wird die Haftung für die Inhalte der externen Seiten ausgeschlossen. Für den Inhalt dieser Seiten sind ausschließlich deren Betreiber verantwortlich. Sollten Sie bei dem angegebenen Inhalt des Anbieters dieser Seite auf kostenpflichtige, illegale oder anstößige Inhalte treffen, so bedauern wir dies ausdrücklich und bitten Sie, uns umgehend per E-Mail unter www.westermann.de davon in Kenntnis zu setzen, damit der Verweis beim Nachdruck gelöscht wird.

Das Werk und seine Teile sind urheberrechtlich geschützt. Jede Nutzung in anderen als den gesetzlich zugelassenen Fällen bedarf der vorherigen schriftlichen Einwilligung des Verlages. Hinweis zu § 52 a UrhG: Weder das Werk noch seine Teile dürfen ohne eine solche Einwilligung gescannt und in ein Netzwerk eingestellt werden. Dies gilt auch für Intranets von Schulen und sonstigen Bildungseinrichtungen.

1. Auflage, 2011
Druck 1, Herstellungsjahr 2011

© Bildungshaus Schulbuchverlage
Westermann Schroedel Diesterweg Schöningh Winklers GmbH, Braunschweig
www.westermann.de

Redaktion: Lutz Mannigel
Umschlaggestaltung und Layout-Konzept: boje5 Grafik & Werbung, Braunschweig
Satz: Sabine Fehmer, Grafik & Layout, Destedt
Illustration: Mario Valentinelli, Rostock
Druck und Bindung: westermann druck GmbH, Braunschweig

ISBN 978-3-14-**290506**-8

Vorwort

Dieses Buch soll jungen Erwachsenen bei der Findung ihrer beruflichen Zukunft helfen und ihnen das Berufsfeld Wirtschaft und Verwaltung näher bringen.
Es ist Bestandteil der Reihe „Vorbereiten auf Ausbildung und Beruf" und wurde speziell für alle Formen der Berufsausbildungsvorbereitung im Berufsfeld Wirtschaft und Verwaltung entwickelt.

Die Grundlagen für die Inhalte sind erprobte Qualifizierungsbausteine aus anerkannten Berufen in Wirtschaft und Verwaltung. Im einleitenden Kapitel „Berufsfeld Wirtschaft und Verwaltung" sind viele Informationen zum Kennenlernen des Berufsfeldes übersichtlich dargestellt. Zusätzlich werden weitere umfangreiche Informationsquellen benannt und der Umgang mit ihnen erklärt.

In den anschließenden Kapiteln „Im Büro arbeiten", „Miteinander umgehen" und „Wirtschaftlich handeln" werden die Sachverhalte in einer einfachen Sprache beschrieben. Eine große Anzahl von selbsterklärenden Fotografien und Grafiken begleiten anschaulich die textlichen Beschreibungen.

Alle Kapitel beginnen mit einer Übersichtsseite. Sie informiert über den zu erwartenden Inhalt und soll Interesse wecken. In den Kapiteln sind vielfältige Themenbezüge aus der Erlebenswelt junger Erwachsener zu finden, an denen die fachlichen Aspekte behandelt werden. Durch das Einbeziehen konkreter Aufgabenstellungen wird ein handlungsorientierter Unterricht ermöglicht.

Das Kapitel „Wirtschaftlich handeln" endet mit umfangreichen Projektaufgaben, die eine gezielte Wiederholung und Festigung des Erlernten unterstützen. Diesem Zweck sind auch die kleinen Zusammenfassungen in den Unterkapiteln und die große Zusammenfassung am Ende eines Hauptkapitels gewidmet.

Im Interesse der besseren Lesbarkeit wurde in diesem Buch meist nur die männliche Form verwendet. Selbstverständlich sind immer beide Geschlechter angesprochen.

Die Autoren und der Verlag sind für Hinweise und Verbesserungsvorschläge jederzeit aufgeschlossen und dankbar.

Autoren und Verlag

Inhaltsverzeichnis

Berufsfeld Wirtschaft und Verwaltung 5
Tätigkeiten und Einsatzgebiete 6
Berufe im Büro 7
Fragen und Antworten 8

1 Im Büro arbeiten 11
1.1 Arbeitsplatz Büro 12
1.2 Bürotechnik anwenden 16
1.3 Computer nutzen 20

2 Miteinander umgehen 39
2.1 Auftreten im Büroalltag 40
2.2 Miteinander reden 44
2.3 Briefe und E-Mails schreiben 50

3 Wirtschaftlich handeln 57
3.1 Einen Betrieb organisieren 58
3.2 Einkaufen 76
3.3 Verkaufen 90
3.4 Projektaufgaben 104

Register 110
Bildquellenverzeichnis 112

Berufsfeld Wirtschaft und Verwaltung

Tätigkeiten und Einsatzgebiete

Arbeiten im Büro – verstaubte Akten oder High-Tech-PC?

Berufe im Büro

Service setzt sich durch – das kundenfreundliche Büro.

Fragen und Antworten

Informationen beschaffen – so geht's!

1 Bürotätigkeit: Telefonieren

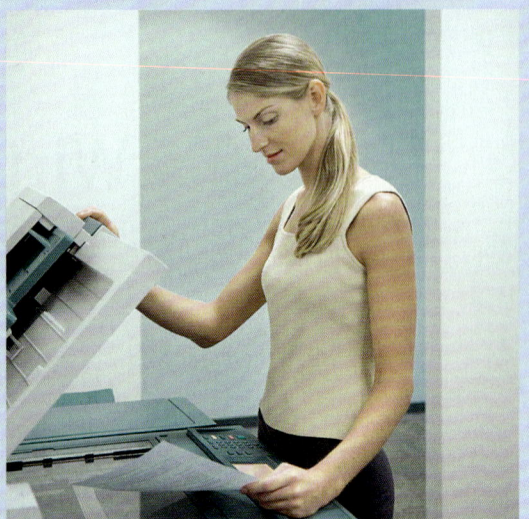
2 Bürotätigkeit: Kopieren

Tätigkeiten und Einsatzgebiete

Tätigkeiten

Die meisten **Tätigkeiten** des Berufsfeldes Wirtschaft und Verwaltung werden in einem Büro ausgeübt. Es gibt Büros mit Publikumsverkehr, z. B. bei der Kfz-Anmeldung, und Büros ohne Publikum, z. B. in einem Archiv.

Notwendig sind:

- sicheres Auftreten,
- höfliche Umgangsformen,
- eine gute mündliche und schriftliche Ausdrucksfähigkeit.

Die Tätigkeiten sind so unterschiedlich wie die Branchen und verändern sich mit dem Stand der Technik. Das macht die Arbeit spannend und abwechslungsreich.

Menschen, die in einem Büro arbeiten, sollten flexibel und kreativ sein.

Einsatzgebiete

Wirtschaftseinrichtungen, z. B. ein Autohaus, dienen dazu, Menschen mit Waren und Dienstleistungen zu versorgen.

Verwaltungseinrichtungen dienen dazu, Angelegenheiten zwischen Staat und Bürgern zu regeln, z. B. ein Kfz zulassen oder abmelden.

Ein Büroarbeitsplatz umfasst unterschiedliche **Einsatzgebiete** wie:

- mit Menschen umgehen,
- am Computer arbeiten,
- Telefonanlagen bedienen [1],
- weitere technische Geräte nutzen [2],
- Akten in unterschiedlichen Ordnungssystemen verwalten.

Je nach Abteilung oder Stelle sind weitere Einsatzgebiete möglich, z. B.:

- Posteingang oder Postausgang,
- Rechnungswesen.

Berufe im Büro

3 Bürokauffrau

4 Verwaltungsfachangestellte

AUFGABE

Finden Sie heraus, welche Wirtschaftseinrichtungen und Verwaltungseinrichtungen es in Ihrer Region gibt.

Erkundigen Sie sich bei drei Firmen oder Ämtern, welche Ausbildungsberufe dort angeboten werden.

Benutzen Sie dazu das Branchenbuch und das Internet.

Berufe im Büro

Zuständigkeit

Die Berufsausbildung wird durch die **Industrie- und Handelskammer** (IHK) geregelt und überwacht.

In Ausnahmefällen kann dies auch durch die **Handwerkskammer** (HWK) geschehen, z. B. wenn ein Handwerksbetrieb auch Bürokaufleute ausbildet.

Teilweise findet eine Betreuung durch Berufsbildungswerke oder andere staatliche und private Träger statt.

Ausbildungsberufe

Im Bereich Wirtschaft und Verwaltung gibt es unterschiedliche Ausbildungsberufe (Tab. 1). Die Ausbildung dauert 2 bis 3 Jahre.

Praktische, theoretische und allgemeine Lerninhalte werden vermittelt. Daneben ist der Erwerb sozialer Kompetenzen von großer Bedeutung.

Die Ausbildung endet mit einer Abschlussprüfung, die aus einem theoretischen und einem praktischen Teil besteht.

Über die abgelegte Prüfung wird ein Zeugnis ausgestellt.

Tab. 1: Ausbildungsberufe (Auswahl)

Wirtschaft	Verwaltung
• Bürokraft • Bürokaufmann/-frau 3 • Kaufmann/-frau für Bürokommunikation	• Verwaltungsfachangestellte/r 4 • Kaufmann/-frau für Bürokommunikation

1 Berufsinformationszentrum

2 Berufsberatung in der Arbeitsagentur

Fragen und Antworten

Wer bildet aus?

Die betriebliche Berufsausbildung in Deutschland wird immer von zwei gleichberechtigten Partnern durchgeführt.

Die praktische Ausbildung findet im Ausbildungsbetrieb statt. Sie wird begleitet durch den handlungsorientierten Unterricht in einer beruflichen Schule. Diese Form der Ausbildung wird deshalb als **Duale Berufsausbildung** bezeichnet.

Gibt es einen Vertrag?

Zwischen dem Ausbildungsbetrieb und dem Auszubildenden wird ein **Ausbildungsvertrag** abgeschlossen. Er regelt alle Rechte und Pflichten für beide Seiten.
Ist ein Auszubildender noch nicht 18 Jahre alt, wird der Vertrag von den Erziehungsberechtigten mit unterzeichnet.

Was steht im Ausbildungsvertrag?

Im Ausbildungsvertrag müssen mindestens folgende Angaben stehen:

- Ausbildungsberuf,
- Beginn und Ende der Ausbildung,
- Orte der Ausbildung (Betrieb, Berufsschule),
- tägliche Arbeitszeit,
- Probezeit,
- Vergütung,
- Urlaub,
- Kündigung.

Was sind die Ausbildungsinhalte?

Die Ausbildungsinhalte im Berufsfeld Wirtschaft und Verwaltung setzen sich zusammen aus:

- betriebswirtschaftlichen/kaufmännischen Grundkenntnissen, die für alle gelten,
- speziellen Kenntnissen der einzelnen Branchen/Verwaltungen,
- allgemeinbildenden Fächern.

Fragen und Antworten

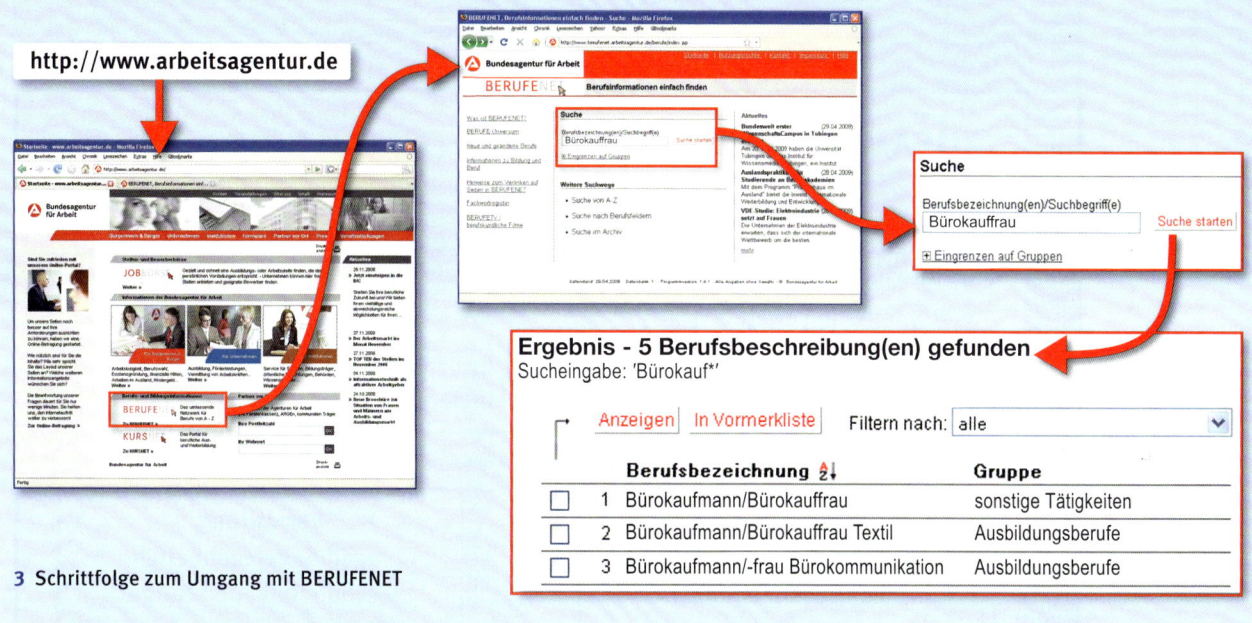

3 Schrittfolge zum Umgang mit BERUFENET

Wo gibt es Informationen?

Es gibt in kaufmännischen Betrieben, in Industrieunternehmen, in Verwaltungen und Ämtern eine Vielzahl von interessanten Ausbildungsberufen und Tätigkeiten.

Im **Berufsinformationszentrum** (BIZ) der Agentur für Arbeit kann sich jeder über die Ausbildungsmöglichkeiten informieren 1 . Das Informationsangebot ist breit gefächert und kostenlos.

Wo die Berufsinformationszentren zu finden sind, steht in den Internetseiten unter: www.arbeitsagentur.de.

Außerdem ist für jeden eine persönliche Beratung durch die **Berufsberater** der Agentur für Arbeit zu empfehlen 2 .

Selbstverständlich gibt es auch in den Industrie- und Handelskammern sowie den Handwerkskammern kompetente Ansprechpartner und umfangreiches Informationsmaterial.

Was ist BERUFENET?

BERUFENET ist die Datenbank der Bundesagentur für Arbeit, die Berufe und Tätigkeiten beschreibt.

Folgende Informationen sind anschaulich dargestellt:

- Ausbildungsinhalte,
- Perspektiven und Alternativen.

Auf der Homepage www.arbeitsagentur.de kann der Link „BERUFENET" aufgerufen werden. Damit beginnt die Berufssuche 3 .

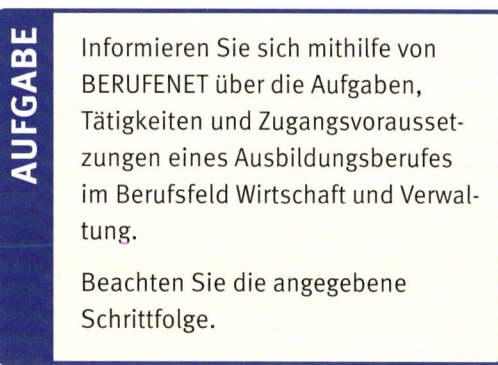

AUFGABE
Informieren Sie sich mithilfe von BERUFENET über die Aufgaben, Tätigkeiten und Zugangsvoraussetzungen eines Ausbildungsberufes im Berufsfeld Wirtschaft und Verwaltung.

Beachten Sie die angegebene Schrittfolge.

ZUSAMMENFASSUNG

Tätigkeiten:
- Mit Kunden/Geschäftspartnern arbeiten
- Büroarbeiten erledigen

Einsatzgebiete

Wirtschaft
versorgt Menschen mit Waren und Dienstleistungen

Verwaltung
regelt Angelegenheiten zwischen Staat und Bürgern

Berufe im Bereich Wirtschaft und Verwaltung im dualen System

Wirtschaft
- Bürokraft
- Bürokaufmann/-frau
- u. a.

Verwaltung
- Verwaltungsfachangestellte/r
- Kaufmann/-frau für Bürokommunikation
- u. a.

Regeln und Überprüfen der Berufsausbildung

Industrie und Handel
Industrie- und Handelskammer (IHK)

Handwerk
Handwerkskammer (HWK)

Informationsquellen für alle Fragen der Berufsausbildung:
- Berufsinformationszentrum (BIZ) bei der Agentur für Arbeit
- Berufsberatung bei der Agentur für Arbeit
- BERUFENET der Bundesagentur für Arbeit
- Industrie- und Handelskammer (IHK)
- Handwerkskammer (HWK)

Im Büro arbeiten 1

1.1 Arbeitsplatz Büro

Bitte Platz nehmen und loslegen.

1.2 Bürotechnik anwenden

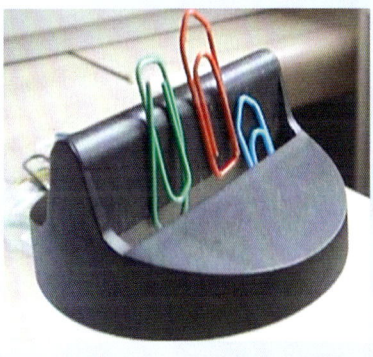

Die richtige Technik macht's.

1.3 Computer nutzen

Wissen, wie es geht.

Arbeitsplatz Büro

1 Schreibsaal der 20er Jahre

2 Büroarbeitsplatz heute

1.1 Arbeitsplatz Büro

Seit jeher werden im Büro Informationen gesammelt, verarbeitet, verteilt und archiviert.

Noch Ende des 19. Jahrhunderts arbeiteten Bürokräfte an Stehpulten. Mit Tinte und Federn wurde auf Papier geschrieben. Die meist großen Räume waren schwer beheizbar. Es gab nur selten elektrisches Licht. Kerzen und Feuer sorgten für etwas Helligkeit und Wärme.

Zu Beginn des 20. Jahrhunderts wurde ein Großteil der Büroarbeit in Schreibsälen 1 verrichtet. Die Arbeit war eintönig, schwer und laut. Oft wurden die Schreibkräfte krank. Noch in den 50er Jahren wurde auf schwer zu bedienenden Schreibmaschinen geschrieben.

Heute ist die Arbeit im Büro wesentlich komfortabler 2 . Es gibt gepolsterte Bürostühle, der Arbeitsplatz ist sauber und trocken. Die Arbeitszeiten sind geregelt.

Büros sind mit moderner Technik wie:

- Telefonen,
- Kopierern und
- Computern ausgestattet.

Dadurch werden die Tätigkeiten sehr erleichtert. Der Schriftverkehr wird mithilfe des Computers erledigt. Dokumente werden ausgedruckt und kopiert.

Der Kontakt zu Kunden erfolgt z. B. telefonisch oder per E-Mail.

Im Büro kann man schicke Alltagskleidung tragen. Es wird keine bestimmte Arbeitskleidung z. B. ein Overall benötigt.

Die Arbeit ist abwechslungsreich, da unterschiedliche Aufgaben anfallen. Bürotätigkeiten sind auch zuhause zu erledigen, z. B. Rechnungen bezahlen und ablegen, Konto führen, E-Mails schreiben oder telefonieren. Dadurch bringt man bereits Erfahrungen mit und kann noch viel dazulernen.

Arbeitsplatz Büro

3 Büroeinrichtung

Die Büroeinrichtung

Eine wichtige Voraussetzung für hohe Leistungsfähigkeit am Arbeitsplatz ist die Gesundheit der Mitarbeiter. Dazu trägt auch eine geeignete **Büroeinrichtung** 3 bei. Sie sollte geltenden Normen (anerkannten Regeln) entsprechen und bestimmten Anforderungen gerecht werden (Tab. 1).

AUFGABE

1. Nennen Sie drei Vorteile eines Bürodrehstuhls im Vergleich zum einfachen Stuhl.

2. Begründen Sie, warum Höhe und Neigung eines Monitors einstellbar sein sollen.

Tab. 1: Büroeinrichtung

Büroeinrichtung	Anforderungen (Auswahl)
Bürodrehstuhl ①	• für alle Sitzhaltungen geeignet • Stoßdämpfung beim Hinsetzen, Bremswirkung beim Aufstehen • Kennzeichnung mit GS-Zeichen (Geprüfte Sicherheit)
Schreibtisch ②	• Arbeitsfläche mindestens 160 x 80 cm und spiegelungsfrei • ausreichende Beinraumbreite (ggf. höhenverstellbar)
PC mit Monitor ③	• platzsparender und strahlungsarmer LCD-Monitor • Höhe und Neigung des Monitors einstellbar
Schränke und Regale ④	• Ablagemöglichkeit, z. B. für unterschiedliche Ordnerformate • verschließbar für wichtige Dokumente
Rollcontainer ⑤	• direkter Zugriff vom Arbeitsplatz möglich • flexibel einsetzbar

Arbeitsplatz Büro

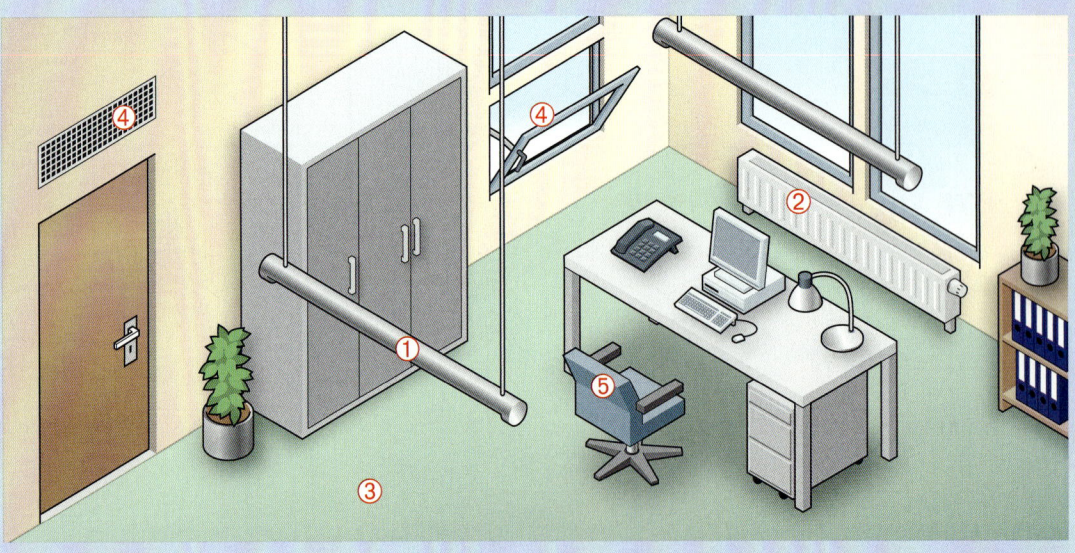

1 Bürogestaltung

Der Arbeitsplatz

Die Gestaltung eines Büros **1** muss bestimmten Anforderungen des menschlichen Körpers entsprechen (Tab. 1). Dies wird auch als **Ergonomie** bezeichnet.

Zum Vermeiden von gesundheitlichen Schäden bei der Büroarbeit gibt es festgelegte gesetzliche Regelungen. Sie werden von **Berufsgenossenschaften** (BG) erarbeitet.

Arbeitgeber und Arbeitnehmer sind zu ihrer Einhaltung verpflichtet. Das wird durch die Berufsgenossenschaft kontrolliert.

Jedes Unternehmen muss sicherstellen, dass alle Mitarbeiter die gesetzlichen Regeln kennen.

Dazu sind in regelmäßigen Abständen Belehrungen zum Gesundheits-, Arbeits- und Brandschutz durchzuführen.

Tab. 1: Hinweise zur Bürogestaltung (Auswahl)	
Was	**Wie**
Beleuchtung ①	ausreichende Helligkeit zur Schonung der Augen und zur Förderung der Konzentration
Temperatur ②	Raumtemperatur zwischen 20 und 26 °C, um ein schnelles Ermüden zu vermeiden
Raum ③	genügend Platz für Mitarbeiter und Ausstattung
Lüftung ④	regelmäßiges Stoßlüften zur besseren Sauerstoffversorgung oder Klimaanlage nutzen
Ausstattung ⑤	ergonomisch geformte Möbel, um Fehlhaltungen zu vermeiden

Arbeitsplatz Büro

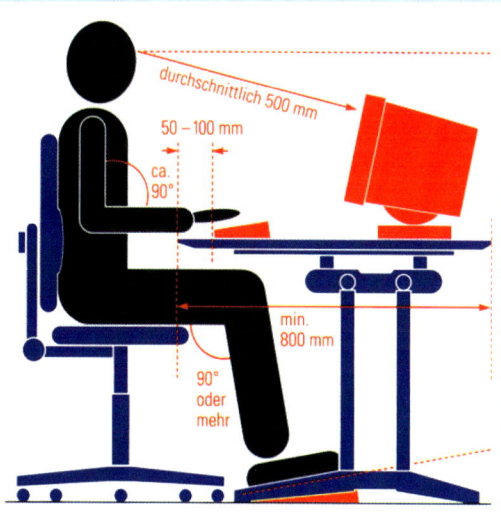

2 Ergonomische Sitzhaltung

AUFGABE

1. Recherchieren Sie, welche Aufgaben die Berufsgenossenschaft hat.

2. Ermitteln Sie, wo im Büro Gefahren für die Gesundheit bestehen.

3. Nennen Sie Folgen einer falschen Sitzhaltung.

4. Recherchieren Sie, was unter dem Begriff Ergonomie verstanden wird. Geben Sie dazu ein Beispiel.

5. Nennen Sie drei Arbeitsbedingungen, die für Sie wichtig sind.

Die Arbeitsbedingungen

Eine wichtige Voraussetzung für den Erfolg eines Unternehmens sind zufriedene und gesunde Mitarbeiter. Die Verkürzung der Fehlzeiten durch Krankheit eines Mitarbeiters um wenige Tage hebt die zusätzlichen Kosten für teure Büroausstattung auf.

Es sollte stets darauf geachtet werden, dass die **Arbeitsbedingungen** positiv sind und die Persönlichkeit der Mitarbeiter gefördert wird (Tab. 2).

Büroarbeit wird zu großen Teilen im Sitzen durchgeführt. Das erfordert die Einhaltung einer **ergonomischen Sitzhaltung** 2 .

Tab. 2: Positive Arbeitsbedingungen (Auswahl)	
Arbeitsbedingungen	**Persönlichkeit fördern**
Benutzerorientierung	Arbeitsaufgaben und Arbeitsplatz an den Mitarbeiter anpassen
Vielseitigkeit	wechselnde und aufeinander abgestimmte körperliche und geistige Anforderungen bieten
Handlungsspielraum	Entscheidungsbefugnisse für den Mitarbeiter schaffen (z. B. Mitarbeiter darf bis zu einem bestimmten Geldbetrag Aufträge erteilen)
Achtung voreinander	Persönlichkeit und Arbeitsergebnisse von Kollegen beachten und würdigen
Fortbildung	Weiterlernen ermöglichen und fördern

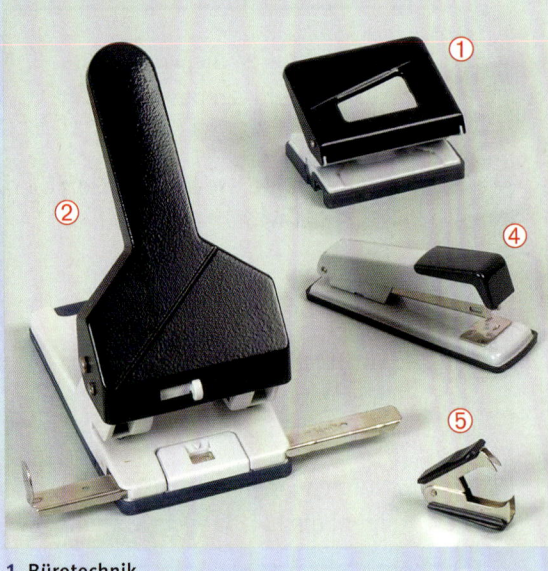

1 Bürotechnik

> **AUFGABE**
>
> **1.** Erklären Sie, warum Dokumente in der Regel oben links zusammengeheftet werden.
>
> **2.** Beschreiben Sie, welche Arbeitsgänge Sie nacheinander durchführen, wenn Sie ein mehrseitiges Dokument in einem Aktenordner ablegen.

1.2 Bürotechnik anwenden

Unterlagen aufbewahren

Im Büro werden viele Dokumente in Papierform erstellt. Häufig bestehen zusammengehörende Vorgänge aus mehr als einem Blatt Papier.

Zum Ordnen und Aufbewahren dieser Unterlagen ist bestimmte **Bürotechnik** hilfreich 1.

Sie umfasst meist manuell zu bedienende Geräte, die auch in vielen Privathaushalten verwendet werden (Tab. 1).

Ihre Bedienung ist einfach und sie haben einen hohen praktischen Nutzen.

Diese Bürotechnik wird eingesetzt beim:

- Vorbereiten,
- Zusammenfügen und
- Trennen von Dokumenten.

Tab. 1: Bürotechnik zum Ordnen und Aufbewahren von Unterlagen (Auswahl)

Bürotechnik	Anwendung
Locher ①	• Lochen von Blättern vor dem Abheften in Ordnern • Anschlagleiste stellt den immer gleichen Lochabstand sicher • Lochen von vielen Blättern gleichzeitig mit Registraturlocher ② • Stanzen von vier bis sechs Löchern mit Mehrfachlocher ③
Heftgerät ④	• Verbinden von einzelnen Blättern durch eine Heftklammer
Klammerlöser ⑤	• Lösen einer Heftklammer ohne Verletzungsgefahr

Bürotechnik anwenden

2 Kopierraum

Unterlagen vervielfältigen

Einige Dokumente, wie Rechnungen, müssen vor der Ablage kopiert werden. Dazu gibt es große und kleine Kopierer 2 .

Großkopierer 6 sind wirtschaftlich, wenn beim **Kopieren** z. B.:

- große Mengen anfallen,
- beidseitig kopiert werden soll,
- viele Vergrößerungen und Verkleinerungen notwendig sind,
- spezielle Kopierprogramme für die Bildverbesserung gebraucht werden.

Außerdem verfügen Großkopierer über Stapeleinzüge 7 . Sie ermöglichen das schnelle Kopieren vieler Blätter.

Bei geringen Mengen, die kopiert werden sollen, sind Kleinkopierer 8 ausreichend, denn sie sparen Platz und Energie. Häufig verfügen sie auch über spezielle Funktionen, sind jedoch meist langsamer als die Großkopierer.

Unterlagen vernichten

Viele Dokumente oder Datenträger müssen eine bestimmte Zeit aufbewahrt werden. Nach Ablauf dieser Zeit kann man sie vernichten.

Sie enthalten oft **vertrauliche Daten** wie:

- Namen,
- Adressen und
- Bankverbindungen.

Deshalb müssen diese Dokumente so zerstört werden, dass sie danach nicht mehr lesbar und nicht wieder herstellbar sind.

Je nach anfallender Menge verwendet man kleine 9 oder große **Aktenvernichter** 10 .

> **AUFGABE**
>
> **1.** Erklären Sie, wozu ein Stapeleinzug am Kopierer gebraucht wird.
>
> **2.** Nennen Sie Dokumente, die in den Aktenvernichter müssen. Begründen Sie Ihre Antwort.

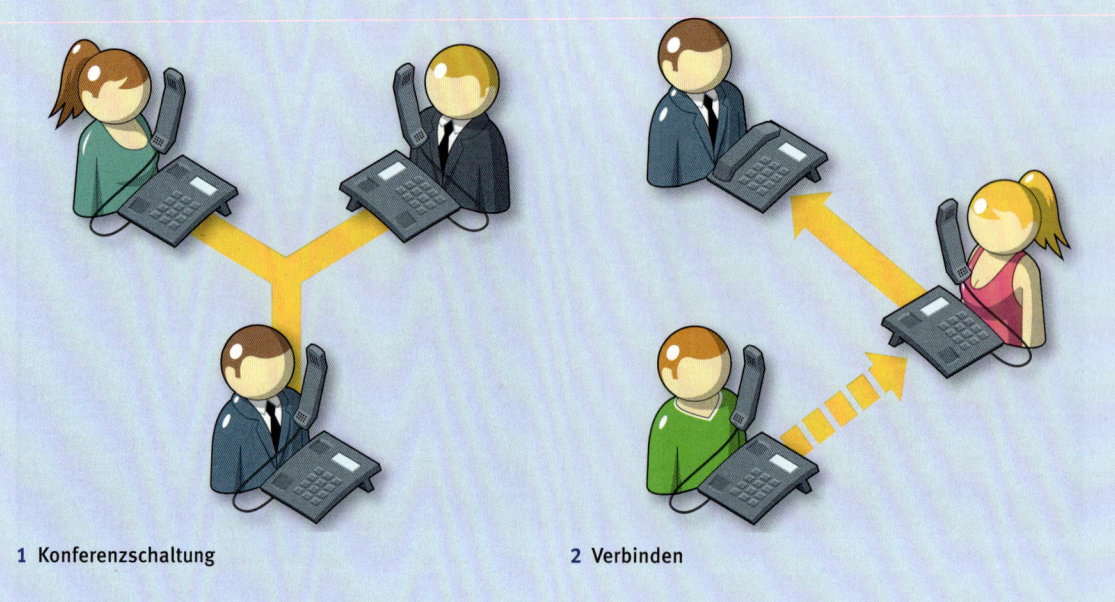

1 Konferenzschaltung 2 Verbinden

Telefonanlagen nutzen

Telefonanlagen haben eine Vielzahl von Funktionen (Tab. 1), mit deren Hilfe Gespräche geführt, weitergeleitet oder umgeleitet werden können.

Mitarbeiter, die neu im Betrieb sind, müssen in die Bedienung eingewiesen werden.

Jeder Mitarbeiter sollte Zugriff auf die Bedienungsanleitung der jeweiligen Telefonanlage haben.

Tab. 1: Funktionen der Telefonanlage

Funktion	Anwendung
Konferenz-schaltung 1	Dient für ein Telefongespräch mit mehr als zwei Personen.
Laut stellen	Mehrere Personen im Raum können das Gespräch mithören (Vorsicht, erst den Anrufer informieren).
Makeln	Beim Anruf einer zweiten Person kann man den ersten Gesprächspartner kurz warten lassen und das neue Gespräch entgegennehmen.
Verbinden 2	Das Gespräch an eine andere Person durchstellen. Vor dem Weiterleiten eines Gesprächs den Gesprächspartner informieren.
Umleiten 3	Eine dauerhafte, feste Weiterleitung von Anrufen auf ein anderes Telefon bei Abwesenheit oder gewünschter Ruhe ist möglich.

Bürotechnik anwenden

3 Umleiten

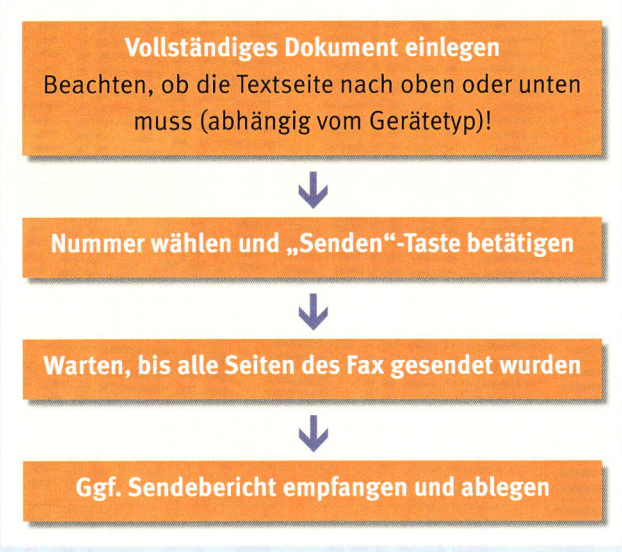

4 Faxe mit einem Faxgerät senden

Faxe senden

Das **Faxgerät** wird benutzt, um schriftliche Informationen auf schnellem Weg an einen Geschäftspartner oder Kunden zu senden. Dazu benötigt man eine Faxnummer. Nach dem Einlegen des Papiers wird die Nummer wie bei einem Telefon gewählt 4 .

Man kann auch papierlos direkt mit dem Computer faxen. Dazu wird eine spezielle Software benötigt. Über eine Internetverbindung kann das **Fax** dann verschickt werden.

Schreibmaschinen benutzen

Die **Schreibmaschine** ist der Vorgänger eines Textverarbeitungsprogramms. Mit ihr können Dokumente direkt erstellt werden. Die Zeichen der betätigten Tasten erscheinen sofort auf dem Papier. Sie wird nur selten verwendet, z. B. um Vordrucke auszufüllen.

Auf der **Speicherschreibmaschine** werden kurze Texte gespeichert. Der Text erscheint auf einem kleinen Display. Er kann noch korrigiert werden, bevor er auf das Papier gedruckt wird.

AUFGABE

1. Überlegen Sie sich jeweils eine Situation, in der die Funktionen „verbinden" und „umleiten" nützlich sind.

2. Nennen Sie zwei Gründe, warum man im Computerzeitalter überhaupt noch eine Schreibmaschine braucht.

3. Beschreiben Sie das besondere Merkmal einer Speicherschreibmaschine.

4. Erläutern Sie, wie ein Fax versendet wird und was dabei besonders beachtet werden muss.

5. Suchen Sie im Internet einen Anbieter, mit dem man über das Internet Faxe verschicken kann.

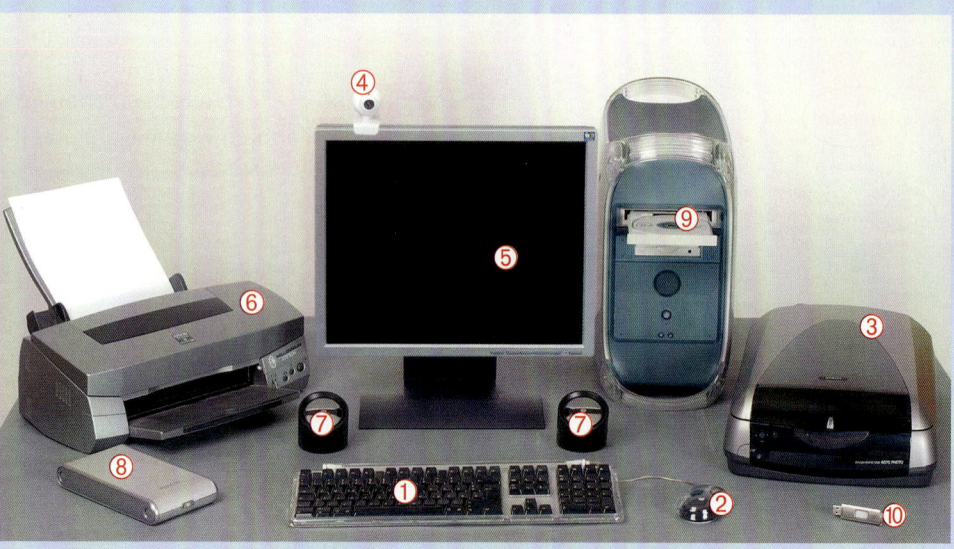

1 Hardware eines Computers

1.3 Computer nutzen

Hardware eines Computers

Mithilfe des Computer lassen sich z. B. schnell und einfach Texte schreiben, Tabellen erstellen und Daten verwalten.

Die **Hardware** eines Computers umfasst alle sichtbaren Bauteile und die Anschlussgeräte (Tab. 1). Sie dient dem Eingeben, Verarbeiten und Ausgeben von Daten 1 .

Aus den drei Anfangsbuchstaben entstand die Bezeichnung **EVA-Prinzip** 2 .

Die Datenverarbeitung erfolgt in der zentralen elektronischen Verarbeitungseinheit des Computers. Die englische Bezeichnung ist „**C**entral **P**rocessing **U**nit", kurz **CPU** 3 . Auf Datenträgern, z. B. einer Festplatte, werden Daten zur späteren Wiederverwendung gespeichert.

> Als Hardware werden alle festen Bestandteile eines Computers und die angeschlossenen Geräte bezeichnet.

Tab. 1: Hardware zum Eingeben, Ausgeben und Speichern von Daten (Auswahl)		
Eingeben	**Ausgeben**	**Speichern**
• Tastatur ①, Maus ② • Scanner ③ • Webcam ④ • Mikrofon • Touchscreen • Joystick/Gamepad • spezielle Geräte für Menschen mit Behinderung	• Monitor ⑤ • Touchscreen • Drucker ⑥ • Plotter • Lautsprecher ⑦	• interne Festplatte • externe Festplatte ⑧ • CD- und DVD-Laufwerk ⑨ • Speicherkarte • USB-Stick ⑩ • Netzwerkrechner • Internetserver

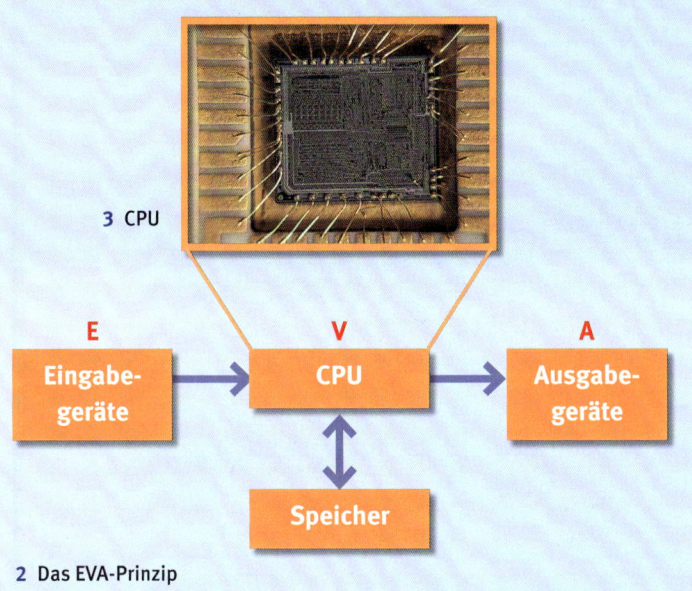

3 CPU

2 Das EVA-Prinzip

AUFGABE

1. Nennen Sie drei bürotypische Tätigkeiten, die mit einem Computer durchgeführt werden können.

2. Welche Hardware kann sowohl Eingabe- als auch Ausgabegerät sein?

3. Was unterscheidet die Systemsoftware von der Anwendungssoftware?

4. Nennen Sie drei Beispiele für Standardsoftware.

Software eines Computers

Die **Software** steuert die Hardware. Es gibt System- und Anwendungssoftware (Tab. 2).

Die **Systemsoftware** ist die Voraussetzung für das Betreiben des Computers. Deshalb wird sie auch als **Betriebssystem** bezeichnet.

Anwendungssoftware wurde für Aufgaben wie Textverarbeitung oder Tabellenkalkulation erstellt. Es gibt sie als Standardsoftware und als Individualsoftware.

Anwendungssoftware, die in vielen Bereichen eingesetzt werden kann, wird als **Standardsoftware** bezeichnet und ist im Fachhandel erhältlich.

Anwendungssoftware, die nur für einen bestimmten Anwendungszweck erstellt worden ist, heißt **Individualsoftware**. Sie wird nach den Wünschen der Anwender programmiert.

> Als Software werden alle Programme bezeichnet, die ein Computer zum Arbeiten benötigt.

Tab. 2: Software (Auswahl)	
Systemsoftware	**Anwendungssoftware**

• Microsoft Windows
• Apple Mac OS X
• LINUX
• OS/2
	• Standardsoftware
	  (z. B. Microsoft Office mit Word und Excel, Open Office, SAP, Datev)
	
	• Individualsoftware
	  (z. B. Warenwirtschaftssystem für einen speziellen Betrieb)

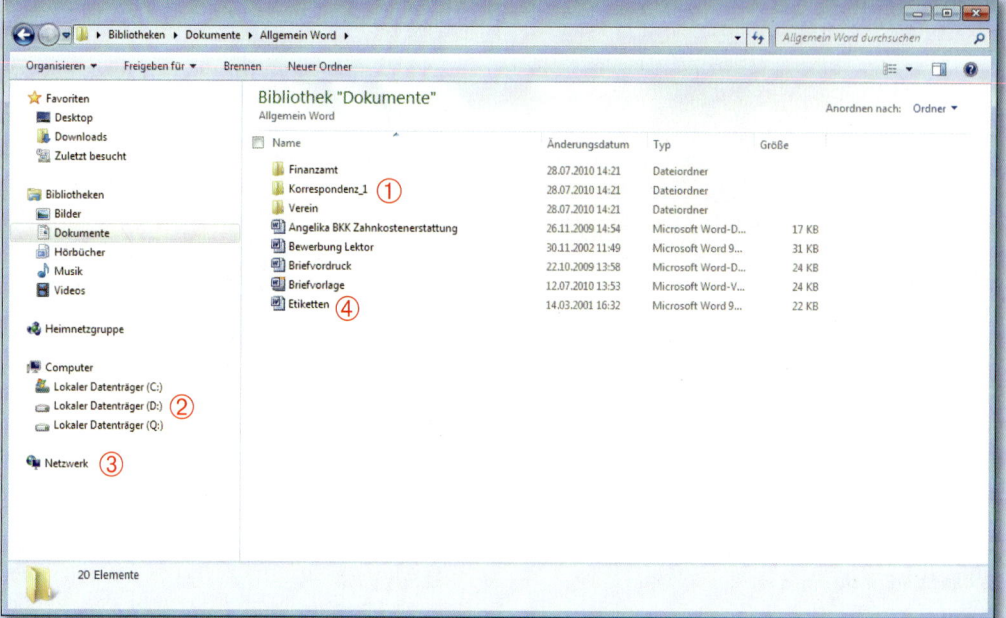

1 Windows Explorer

Ordnung halten

Mithilfe der Software können verschiedene **Dateien** erstellt und gespeichert werden. Sie beinhalten unterschiedlichste Informationen, wie Texte, Tabellen oder Bilder.

Damit die Dateien problemlos wieder auffindbar sind, sollte man ihnen Namen geben, die auf ihren Inhalt hinweisen. Eine Textdatei, die ein Bewerbungsschreiben zum Inhalt hat, könnte z. B. den Namen „Bewerbung" tragen.

Für das geordnete Ablegen und Wiederfinden von Dateien gibt es z. B. den **Windows Explorer** 1 . Er bietet eine Übersicht über alle auf dem Computer gespeicherten Dateien (Tab. 1).

Alle Dateien haben eine bestimmte Endung, die auf den Dateityp hinweist. Sie zeigt an, mit welcher Software die Datei zu öffnen und zu bearbeiten ist (Tab. 2).

▌ **Mithilfe des Explorers können die Dateien auf einem Computer erforscht werden.**

Tab. 1: Elemente im Explorer (Auswahl)	
Bezeichnung	**Erklärung**
Ordner ①	Anzeige aller Ordner und Unterordner mit ihren Dateien
Laufwerke ②	Anzeige aller Datenträger, über die der Computer verfügt
Netzwerk ③	Anzeige der Verbindungen zu anderen Computern und Druckern
Dateien ④	Anzeige der Namen, Größen und Erstellungszeitpunkte der Dateien

2 Computerausfall

3 Passwortschutz eines Worddokumentes

AUFGABE

1. Erstellen Sie eine Ordnerstruktur für ein Büro. Legen Sie fest, welche Ordner Sie benötigen.

Geben Sie den Ordnern sinnvolle Namen.

2. Formulieren Sie einen Dateinamen für eine Bestellung und legen Sie einen geeigneten Ordner an.

3. Wie lassen sich Daten am besten gegen unbefugten Zugriff schützen?

Daten speichern und schützen

Daten von Unternehmen sind wichtig für die tägliche Arbeit. Deshalb müssen sie vor Verlust und unbefugten Zugriffen geschützt werden.

Eine wichtige Voraussetzung für den Schutz der Daten ist das sichere Speichern.

In regelmäßigen Abständen sollten von allen wichtigen Daten **Sicherungskopien** auf unterschiedlichen Datenträgern angefertigt werden. So stehen auch nach einem Computerausfall die Daten zur Verfügung 2 .

Vertrauliche Daten (z. B. Kundendaten) werden durch Passwörter besonders geschützt 3 .

Tab. 2: Dateiendungen und Software (Auswahl)			
Dateiendung	**Symbol (Beispiele)**	**Dateityp (Verwendung)**	**Software**
.doc, .docx, .pdf		Textdateien	Word, Adobe Acrobat Reader
.xls, .xlsx		Tabellendateien	Excel
.ppt, .pptx		Präsentationsdateien	PowerPoint
.jpg		Bild- und Videodateien	Paint, Adobe Photoshop, Corel Draw, iTunes

Computer nutzen

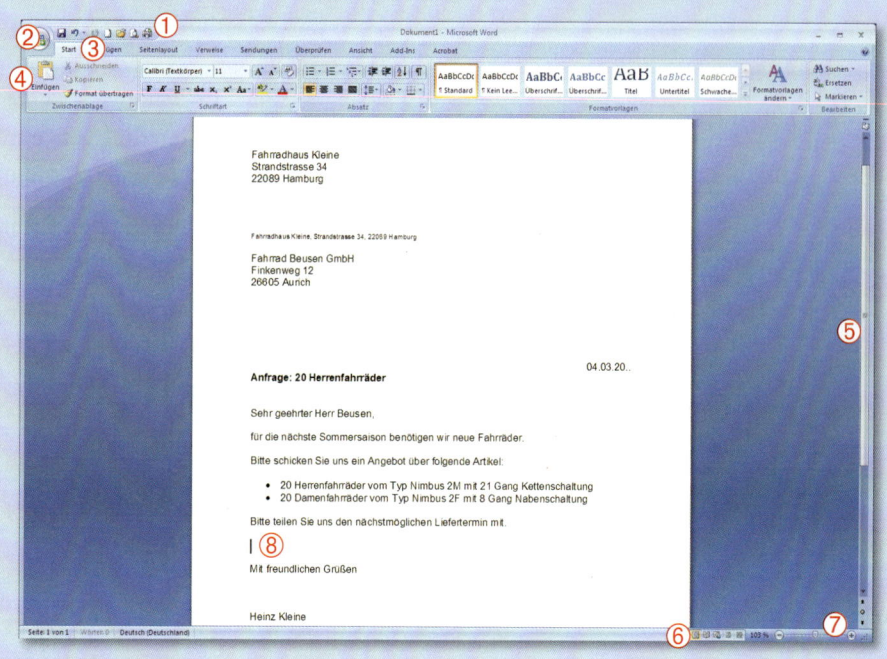

1 Microsoft Word 2007

Mit Texten arbeiten

Texte lassen sich z. B. mit dem Programm **Microsoft Word** erstellen und gestalten 1 . Dazu bietet Word eine Vielzahl von Funktionen (Tab. 1). Sie werden in einer Bedienungsanleitung des Herstellers beschrieben. Gleiches gilt auch für andere **Textverarbeitungsprogramme**.

Tab. 1: Aufbau von Microsoft Word 2007 (Auswahl)

Aufbau des Programms	Funktion
Schnellzugriff-Symbolleiste ①	schneller Zugriff auf wichtige Funktionen, z. B. „Speichern" oder „Rückgängig machen"
Office-Schaltfläche ②	Zugriff auf Befehle wie „Öffnen", „Speichern", „Drucken" oder „Senden"
Register ③ (bestehend aus mehreren Registerkarten, z. B. Start, Einfügen usw.)	enthalten verschiedene Funktionen
Multifunktionsleiste ④	Auswahl von häufig benutzten Funktionen, wie „Schriftgröße" und „Schriftart"
Bildlaufleiste ⑤	Scrollen (engl.: to scroll = rollen) durch das Dokument
Ansicht wechseln ⑥	Auswählen verschiedener Ansichten
Ansicht vergrößern/verkleinern ⑦	Vergrößern und Verkleinern der Seite auf dem Bildschirm

2 Tastaturausschnitt

3 Markierter und rot unterstrichener Text

Texte schreiben

Die **Tastatur** hat neben dem Alphabet und den Ziffern 0–9 weitere Tasten 2 für das Schreiben von Texten mit dem Computer (Tab. 2).

Das Positionieren der Zeichen erfolgt mithilfe des **Cursors** (Schreibmarke) 8. Sobald ein Buchstabe auf der Tastatur eingegeben wird, erscheint er an dieser Stelle. Das Zeilenende muss nicht beachtet werden, weil der Cursor automatisch in die nächste Zeile springt.

Texte bearbeiten

Teile des Textes können markiert werden 3. Dazu bewegt man den Cursor mit der Maus über den betreffenden Textteil und hält dabei die linke Maustaste gedrückt. Anschließend kann der Text z. B. kopiert oder ausgeschnitten werden.

Rot unterstrichene Wörter sind unbekannt oder falsch geschrieben 3. Durch einen Rechtsklick mit der Maus auf das Wort erhält man Verbesserungsvorschläge.

Tab. 2: Tasten zum Schreiben (Auswahl)	
Taste	Funktion
Eingabetaste (Enter) 9	Eingabe abschließen (z. B. für einen Textabsatz)
Pfeiltasten 10	Bewegen zwischen Zeilen, Wörtern, Buchstaben
Rückschritttaste 11	Löschen von Text, der links neben dem Cursor steht
Umschalttaste (Shift) 12	Schreiben mit Großbuchstaben und der 2. Belegung der Tasten

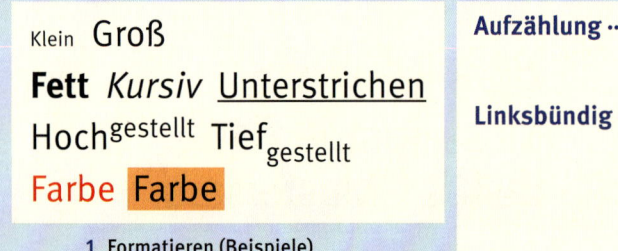

1 Formatieren (Beispiele)

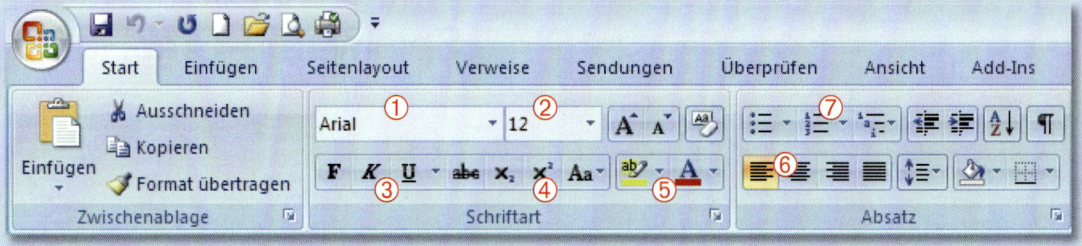

2 Texte formatieren mit der Multifunktionsleiste (Register Start)

Texte formatieren

Texte können unterschiedlich gestaltet werden. Dieser Vorgang heißt **Formatieren** 1 .

Das Formatieren lässt sich nach dem Schreiben mithilfe entsprechender Funktionen durchführen (Tab. 1). Einzelne Funktionen sind z. B. im Register Start zu finden 2 .

Tab. 1: Formatierungen (Auswahl)	
Formatierung	**Funktion**
Schriftart ①	Auswahl einer Schriftart, z. B. Arial oder Times New Roman
Schriftgröße ②	Auswahl der Schriftgröße
F, K, U ③	Text erscheint **fett** (F), *kursiv* (K) oder unterstrichen (U)
Hoch- und tiefstellen ④	Text wird höher oder tiefer in der Zeile dargestellt
Schriftfarben ⑤	Auswahl der Schriftfarbe und/oder des Schrifthintergrundes
Absätze einrichten ⑥	Text kann linksbündig, rechtsbündig, zentriert sein oder als Blocksatz dargestellt werden
Aufzählungen ⑦	Aufzählungen (z. B. 1., 2., ... oder a), b), ...) und Spiegelstriche

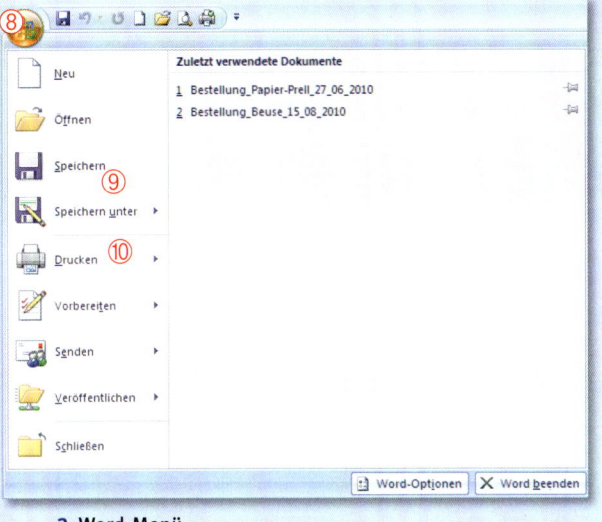
3 Word-Menü

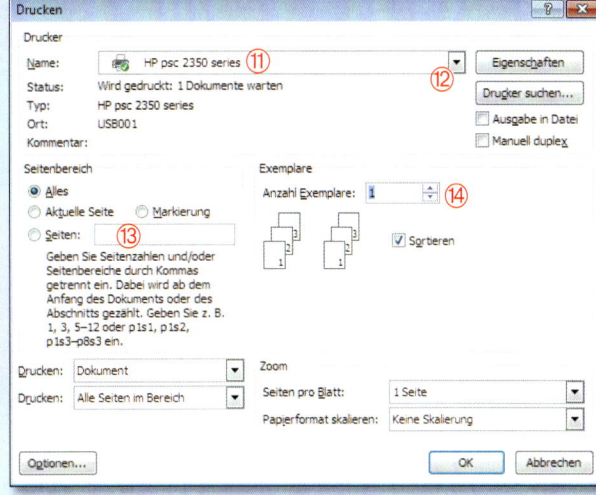
4 Druckmenü

Texte speichern und ausgeben

Das Menü 3 befindet sich hinter der Office-Schaltfläche ⑧. Über das Menü lassen sich Dokumente speichern ⑨ und drucken ⑩.

Zum **Speichern** gibt es zwei Funktionen:

- „Speichern": Das Dokument unter dem bisherigen Namen speichern.
- „Speichern unter": Das Dokument unter anderem Namen und/oder in einem anderen Ordner speichern.

Soll das Dokument auf Papier dargestellt werden, wird ein Drucker benötigt. Im Druckmenü 4 stehen neben dem Standarddrucker ⑪ auch die anderen verfügbaren Drucker ⑫.

Zum **Drucken** gibt es verschiedene Funktionen (Tab. 2). Vor dem Drucken ist es sinnvoll, die zu druckenden Seiten in der Seitenansicht anzuschauen. So erhält man einen Eindruck, wie die Seiten auf Papier aussehen, und kann noch notwendige Änderungen vornehmen.

Tab. 2: Druckfunktionen (Auswahl)

Funktion	Erklärung
Seitenbereich ⑬	Auswahl des Bereiches, der gedruckt werden soll
Exemplare ⑭	Wahl der Anzahl von Ausdrucken und der Seitenreihenfolge

AUFGABE

Erstellen Sie eine Nachricht mit folgendem Inhalt:

„Wichtig! Am 15.12. kommt Herr Meyer von der Firma Voss zu Besuch. Er wird den defekten Drucker reparieren."

Benutzen Sie die Schriftart Arial und die Schriftgröße 14.

Speichern Sie das Dokument und drucken Sie es anschließend aus.

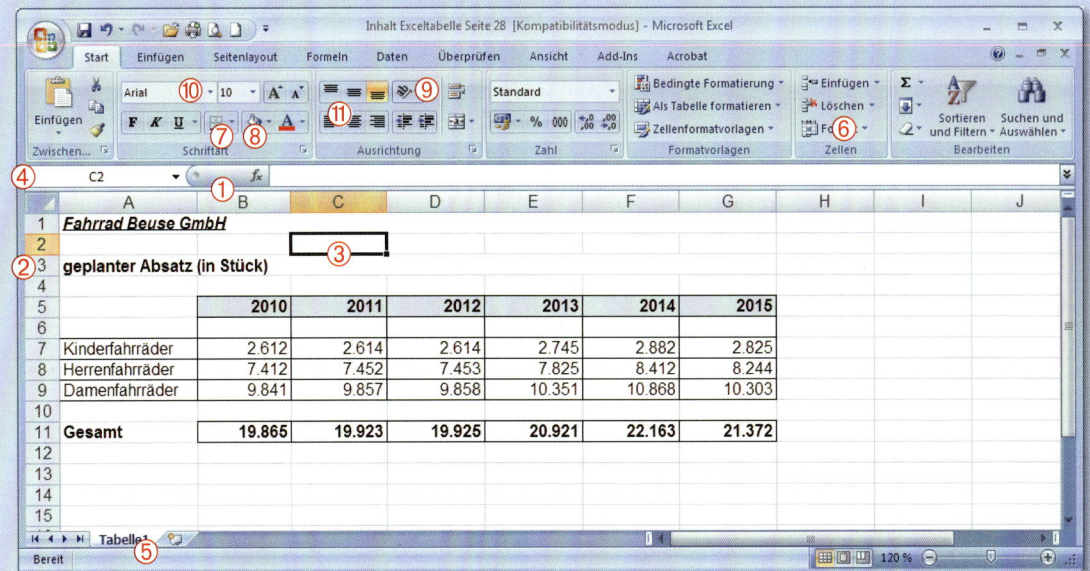

1 Microsoft Excel 2007

Mit Tabellen arbeiten

Zum Rechnen mithilfe von Tabellen werden in Unternehmen Tabellenkalkulationsprogramme wie **Microsoft Excel** verwendet (Tab. 1). Beim Öffnen des Programms erscheint ein Tabellenblatt 1 .

Das Tabellenblatt besteht aus einem Gitternetz mit **Spalten** und **Zeilen**. Der Treffpunkt von beiden bildet eine **Zelle** ③. Sie ist die kleinste Einheit in einem Tabellenblatt. Hier werden Daten eingegeben. Mehrere Zellen können z. B. für eine Überschrift zusammengefasst werden.

Tab. 1: Aufbau von Microsoft Excel 2007 (Auswahl)	
Aufbau des Programms	**Beschreibung**
Spaltenkopf ①	Jede Spalte hat einen Spaltenkopf. Der Buchstaben gibt den Namen der Spalte an.
Zeilenkopf ②	Jede Zeile hat einen Zeilenkopf. Die Zahl gibt den Namen der Zeile an.
Zelle ③	Jede Zelle ist durch den Spalten- und Zeilenkopf genau bestimmbar, z. B. A1, E5, ...
Bearbeitungszeile ④	Zeigt die Adresse und den Inhalt der aktiven Zelle. Zelleninhalte können hier bearbeitet werden.
Blattregister ⑤	Eine Excel-Datei kann aus mehreren Blättern bestehen. Die Anzahl der Blätter und deren Namen sind im Blattregister zu sehen.

2 Mauszeiger

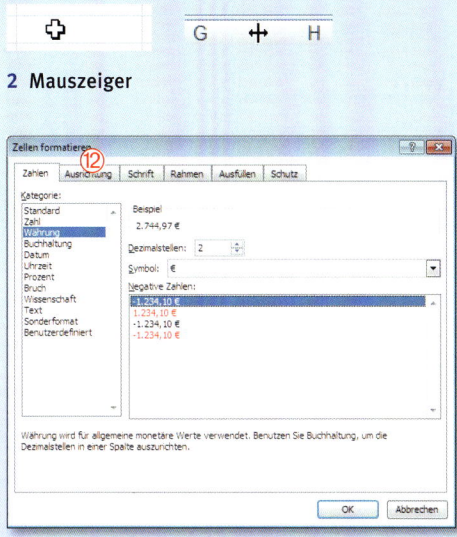

3 Zellen formatieren

> **AUFGABE**
>
> **1.** Erstellen Sie eine Tabelle mit folgenden Werten:
>
> Ausgaben am:
> Montag: 23,95 €
> Dienstag: 12,50 €
> Mittwoch: 14,38 €
> Donnerstag: 18,69 €
> Freitag: 35,28 €
> Samstag: 12,40 €
> Sonntag: 6,17 €
>
> **2.** Gestalten Sie die Tabelle durch selbstgewählte Farben, Schriften und Linien übersichtlich.

Eingeben und formatieren

Jede Zelle kann mit Text, Zahlen oder Formeln belegt werden.

Eine Zelle wird z. B. mit der Maus ausgewählt. Der Inhalt erscheint während der Eingabe in der Zelle ③ und in der Bearbeitungszeile ④. Dort ist auch die Adresse (Spalte und Zeile) der aktuellen Zelle angegeben, z. B. C2.

Ist der Inhalt länger als eine Spalte breit ist, wird er trotzdem sichtbar angezeigt. Sollte in der daneben liegenden Zeile Text stehen, erscheint der Rest des Inhaltes abgeschnitten.

Um längere Texte in kleinen Zellen im vollen Umfang zu sehen, können Zeilen und Spalten in ihrer Größe verändert werden.

Dazu muss der Mauszeiger zwischen zwei Spalten- oder Zeilenköpfe gebracht werden. Dort verändert sich dann sein Aussehen **2**. Anschließend kann bei gedrückter linker Maustaste durch Verschieben des Mauszeigers die Größe angepasst werden.

Im Dialogfeld „Zellen formatieren" **3** kann die Darstellung des Inhalts der Zelle festgelegt werden. Das Dialogfeld wird mithilfe der Funktion Format im Bereich Zellen ⑥ im Register Start aufgerufen. Hier kann das Zahlenformat bestimmt werden.

Mit der Funktion „Ausrichtung" ⑫ kann z. B. ein Zeilenumbruch innerhalb einer Zelle eingefügt werden. Dadurch erscheint der Inhalt in einer Zelle mehrzeilig.

Zur besseren Übersicht gibt es die Möglichkeit, Zellen durch Linien zu trennen ⑦ und Zellen einzufärben ⑧. Der Inhalt kann außerdem gedreht werden ⑨.

Schriftart und Schriftgröße ⑩ lassen sich ebenfalls verändern. Gleiches gilt für die Ausrichtung des Inhaltes ⑪. Dieser kann zentriert, rechts- oder linksbündig sowie oben, unten oder in der Mitte einer Zelle erscheinen.

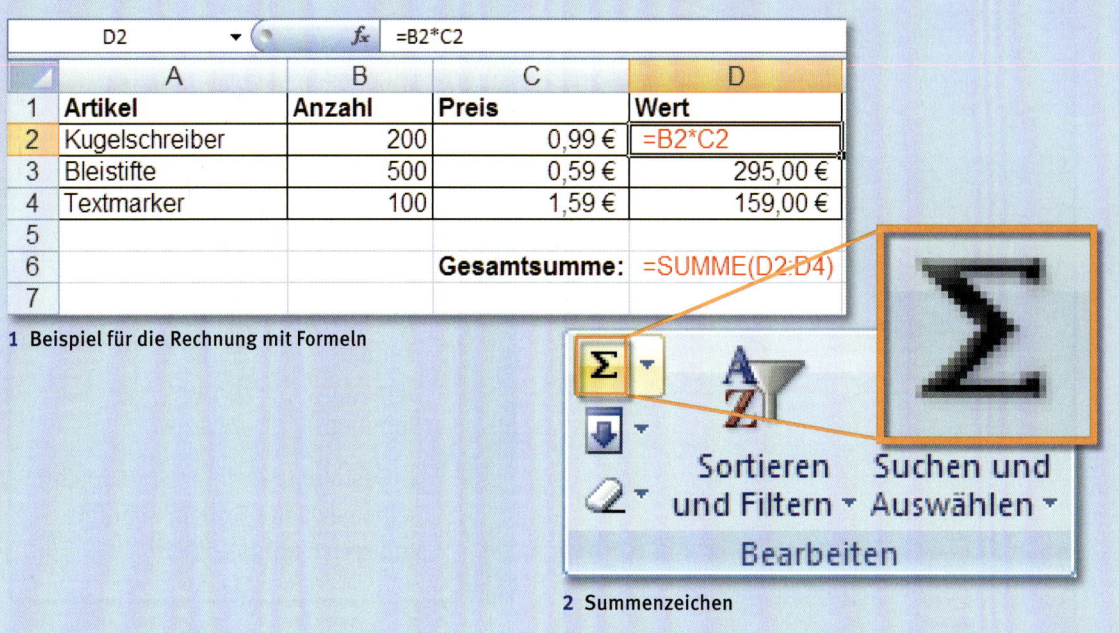

1 Beispiel für die Rechnung mit Formeln

2 Summenzeichen

Mit Tabellen rechnen

Mit einem **Tabellenkalkulationsprogramm** kann gerechnet werden 1 . Dazu benutzt man Formeln. Sie können selbst eingegeben werden (Tab. 1). Die Berechnung erfolgt mithilfe von Operatoren (Rechenzeichen) (Tab. 2).

Außerdem gibt es vorbereitete Formeln. Die Summe kann z. B. mit dem Einsatz des Summenzeichens 2 berechnet werden.

Die Anwendung von Formeln ist vorteilhaft. Verändern sich später die Ausgangswerte der benutzten Zellen, berechnet die Formel das Ergebnis automatisch neu.

Tab. 1: Formeln eingeben

Schritt	Vorgehen
1	Mauszeiger in die Zelle setzen
2	Eingabe des Zeichens „="
3	Zelle anklicken oder Adresse der Zelle oder Zahl eingeben
4	Operator eingeben
5	Zelle anklicken oder Adresse der Zelle oder Zahl eingeben
6	Bestätigen mit Enter

Tab. 2: Operatoren (Auswahl)

Operator	Zweck	Beispiel
+	Addition	=A7+B6
–	Subtraktion	=1657−C4
*	Multiplikation	=B6*7
/	Division	=C5/D7
^	Potenzieren	=2^3

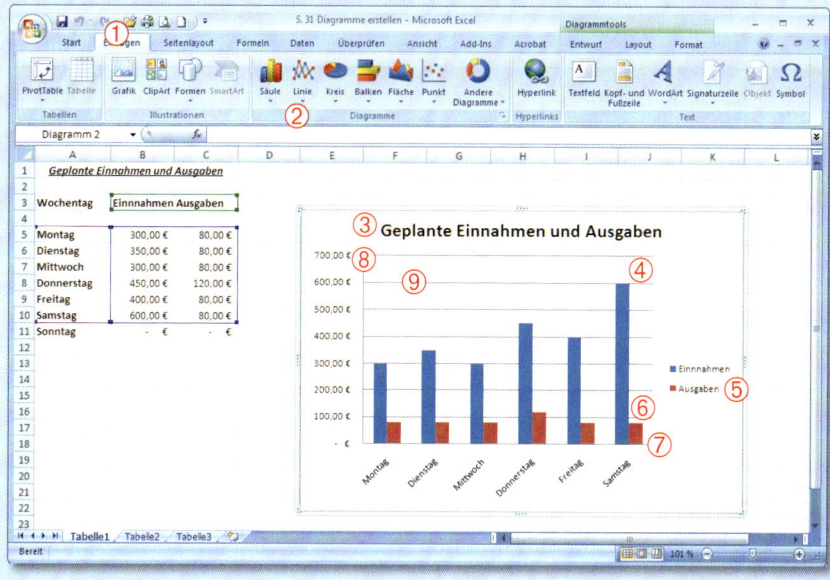

3 Diagramme erstellen

Diagramme erstellen

Aus Tabellen lassen sich mit dem Register Einfügen ① **Diagramme** erstellen (Tab. 3) **3** .

Es gibt verschiedene Diagrammtypen, z. B. Säulen- oder Kreisdiagramme. Diese kann man im Bereich Diagramme ② auswählen. Der Diagrammtyp lässt sich jederzeit ändern. Dazu muss das Diagramm markiert sein und ein anderer Diagrammtyp ausgewählt werden.

Ein Diagramm hat unterschiedliche Elemente:

- Diagrammtitel ③,
- Zeichnungsfläche ④,
- Legende ⑤,
- Reihen ⑥,
- horizontale Achse (X-Achse) ⑦,
- vertikale Achse (Y-Achse) ⑧,
- Gitternetz ⑨.

Tab. 3: Diagramme erstellen

Schritt	Vorgehen
1	Zellen markieren, deren Inhalt in einem Diagramm dargestellt werden sollen
2	Diagrammtyp auswählen und Gestaltungshinweise beachten
3	Diagramm erscheint als Objekt auf dem Tabellenblatt

AUFGABE

1. Welche Gesamtsumme ergibt sich aus dem Beispiel in Bild **1** ?

2. Erstellen Sie ein Säulendiagramm für die in Bild **1** dargestellte Tabelle.

3. Berechnen Sie die jeweilige Differenz zwischen der täglichen Einnahme und Ausgabe in Bild **3** . Ermitteln Sie anschließend die Gesamtsumme aller Werte.

4. Erstellen Sie eine eigene Tabelle über Ihre wöchentlichen Ausgaben.

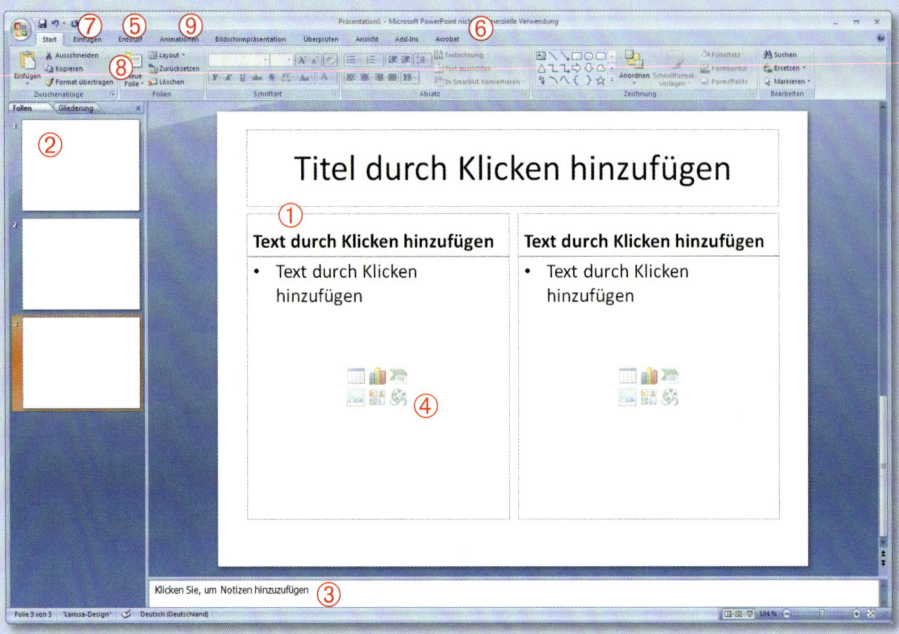

1 Microsoft PowerPoint

Präsentationen erstellen

Um etwas anschaulich zu präsentieren (zu zeigen), wird oft mit dem Programm **Microsoft PowerPoint** 1 gearbeitet.

Mit diesem Programm lassen sich Elemente wie Texte, Abbildungen oder Videos auf Folien darstellen.

PowerPoint stellt dem Anwender bestimmte Arbeitsbereiche zur Verfügung (Tab. 1).

Auf der Folie befinden sich Platzhalter. Diese bieten Platz, um Informationen wie Texte und Abbildungen einzugeben ④.

Die mit PowerPoint erstellten Folien sollten übersichtlich sein: Wenig Text in geeigneter Größe erhöht die Lesbarkeit. Die Texte sollten mindestens Schriftgröße 18 haben.

Auf jeder Folie sollte oben ein Titel eingefügt werden, der Information über den Inhalt der Folie gibt, z. B. Unternehmensziele.

Tab. 1: PowerPoint-Arbeitsbereiche und ihre Funktionen (Auswahl)

Arbeitsbereiche	Funktion
Präsentationsfolie ①	Arbeitsbereich für die aktuelle Folie
Folien-Miniaturbilder ②	verkleinerte Ansicht aller Folien der Präsentation
Notizenbereich ③	folienbezogene Notizen für den späteren Vortrag

Computer nutzen

2 Beispiele für Cliparts

3 Mit PowerPoint präsentieren

Präsentationen gestalten

Für die Gestaltung einer **Präsentation** gibt es in PowerPoint-Entwurfsvorlagen ⑤. Sie sind zahlreich und haben verschiedene Designs.

Die Entwurfsvorlagen bieten nur begrenzte Gestaltungsmöglichkeiten. Mithilfe des Folienmasters unter dem Register Ansicht ⑥ kann man eigene Folienvorlagen gestalten. Dabei wird eine Folie mit Hintergrundfarben oder Bildern ausgestattet. Alle Folien haben dann das gleiche Aussehen.

Abbildungen wie Cliparts 2 , Grafiken, Fotos, Diagramme, Tabellen und selbst kleine Filme lassen sich in eine Präsentation einfügen ⑦.

Ist eine zusätzliche Folie notwendig, können problemlos neue Folien eingefügt werden ⑧.

Präsentationen können durch Animationen ⑨, wie hineinfliegende Texte, lebhafter aussehen. Man sollte damit aber sparsam umgehen, da sie beim Präsentieren störend wirken können.

Präsentieren

Nachdem alle Folien fertig gestaltet und auf Fehler überprüft worden sind, können sie präsentiert werden. Das kann z. B. mithilfe von Laptop und Beamer erfolgen 3 .

Dabei sollte darauf geachtet werden, dass der Vortragende nicht das projizierte Bild anschaut und mit dem Rücken zum Publikum steht, sondern Blickkontakt mit den Zuhörern hält.

Deshalb ist es wichtig, die Inhalte der Präsentation und zusätzliche Notizen in ausgedruckter Form vorliegen zu haben. So weiß der Vortragende immer, was der Inhalt der Folie ist, ohne auf die Präsentationsfläche zu schauen.

AUFGABE

Gestalten Sie eine 4-seitige PowerPoint-Präsentation über ein Thema Ihrer Wahl und stellen Sie diese der Gruppe vor.

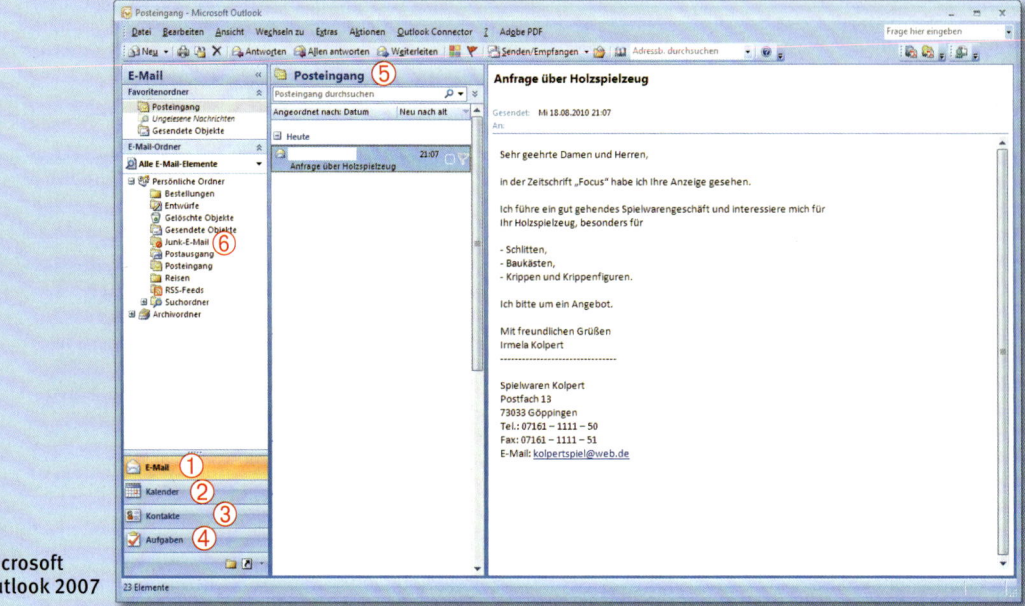

1 Microsoft Outlook 2007

E-Mails verwalten

Ein Programm zum Verwalten von Terminen, Kontakten, Aufgaben und dem elektronischen Briefverkehr (E-Mail) ist **Microsoft Outlook** 1.

Das Programm Microsoft Outlook hat verschiedene Arbeitsbereiche (Tab. 1).

Alle neuen E-Mails erscheinen im Posteingang ⑤. Dort sieht man den Absender, die Betreffzeile und das Empfangsdatum.

Eine Büroklammer kennzeichnet, dass die E-Mail einen Anhang, z. B. Textdateien, Tabellen oder Präsentationen, hat. Wird eine E-Mail im Posteingang angeklickt, erscheint im rechten Fenster der gesamte Inhalt dieser E-Mail.

Wichtige E-Mails sollten gespeichert werden. Dafür kann man in Outlook Ordner anlegen.

Das Programm hat eine Ordnerstruktur ⑥, die mit dem Windows Explorer vergleichbar ist.

Tab. 1: Arbeitsbereiche von Microsoft Outlook 2007 (Auswahl)	
Arbeitsbereiche	**Funktion**
E-Mail ①	E-Mails senden, empfangen und verwalten
Kalender ②	Verwalten von Terminen, z. B. mit Kollegen und Kunden
Kontakte ③	elektronisches Adressbuch
Aufgaben ④	Festhalten von offenen Aufgaben

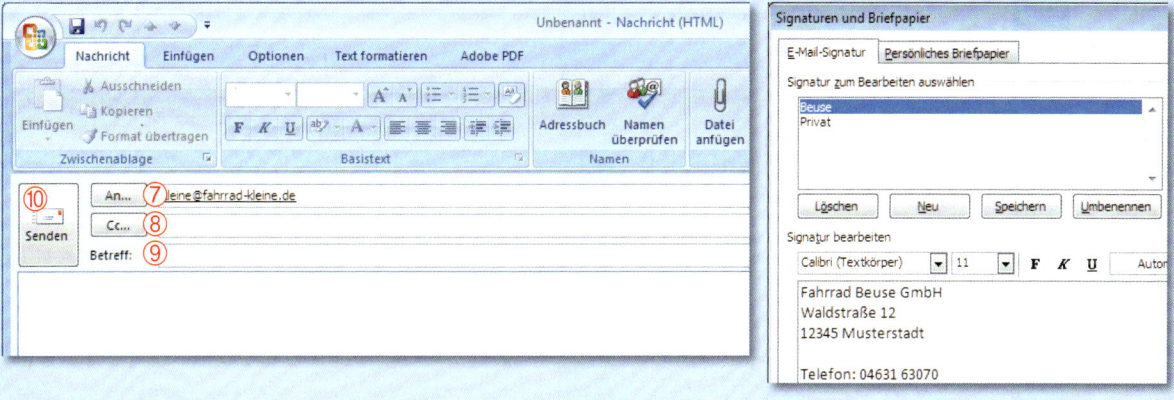

2 E-Mails schreiben

3 Signatur

E-Mails schreiben und versenden

Mit **E-Mails** können schriftliche Informationen sehr schnell übermittelt werden 2 . Dabei kann man mehrere Empfänger gleichzeitig anschreiben.

Zum Versenden einer E-Mail wird zunächst die E-Mail-Adresse des Empfängers benötigt. Sie enthält immer ein @-Zeichen und wird in der Adresszeile ⑦ eingegeben.

Eine E-Mail kann an mehrere Empfänger gleichzeitig geschickt werden. Die Empfänger sind bei der Eingabe durch ein Semikolon (;) zu trennen. Kopien können ebenfalls verschickt werden:

- Cc = carbon copy ⑧: Hauptempfänger sieht alle Empfänger einer Kopie
- Bcc = blind carbon copy: Hauptempfänger sieht die Kopieempfänger nicht.

Für regelmäßig wiederkehrende Empfängerkreise können Verteiler angelegt und im Adressbuch gespeichert werden.

Die Betreffzeile ⑨ sollte unbedingt genutzt werden. Dadurch kann der Empfänger sehen, worum es geht, ohne den Inhalt der E-Mail zu lesen.

Das Mitsenden einer **Signatur** (elektronischen Visitenkarte) 3 mit dem Namen und weiteren Kontaktdaten, wie Telefonnummer und Anschrift, ist ratsam. So kann der Empfänger auch über andere Wege Kontakt mit dem Absender aufnehmen.

Durch Klicken auf Senden ⑩ werden die E-Mails in den Ordner Postausgang verschoben und von dort versendet.

AUFGABE

1. Erstellen Sie in Outlook einen neuen Ordner für Lieferantenrechnungen.

2. Wählen Sie eine E-Mail aus, die einen Anhang hat. Drucken Sie die E-Mail und den Anhang aus.

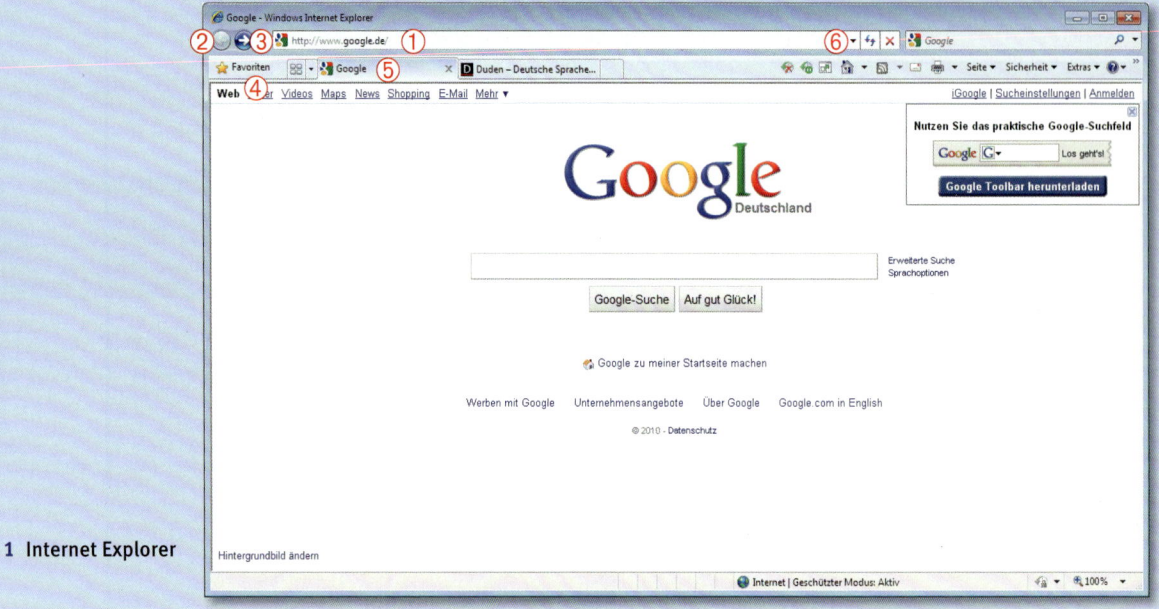

1 Internet Explorer

Im Internet surfen

Das **Internet** ist eine große Informationsplattform. Es eignet sich z. B. zum Suchen nach Lieferanten, zum Vergleichen von Preisen und zum Lesen aktueller Nachrichten.

Die Verbindung zum Internet wird z. B. über eine Telefonleitung hergestellt. Programme wie der **Internet Explorer** 1 ermöglichen den Zugang zum Internet. Diese Programme heißen **Browser** (engl.: to browse = durchstöbern). Sie haben alle ähnliche Funktionen (Tab. 1).

Tab. 1: Funktionen des Internet Explorers (Auswahl)	
Funktion	**Nutzen**
Adresszeile ①	Eingabe der gewünschten Internetadresse
Seite zurück ②/Seite vor ③	Blättern zwischen den besuchten Internetseiten
Favoriten ④	Speichern von häufig besuchten Internetseiten
Tab ⑤	Anzeige aller aktuell geöffneten Internetseiten
Aktualisieren ⑥	neues Laden der angezeigten Internetseite

Computer nutzen

2 Konzertbesuch

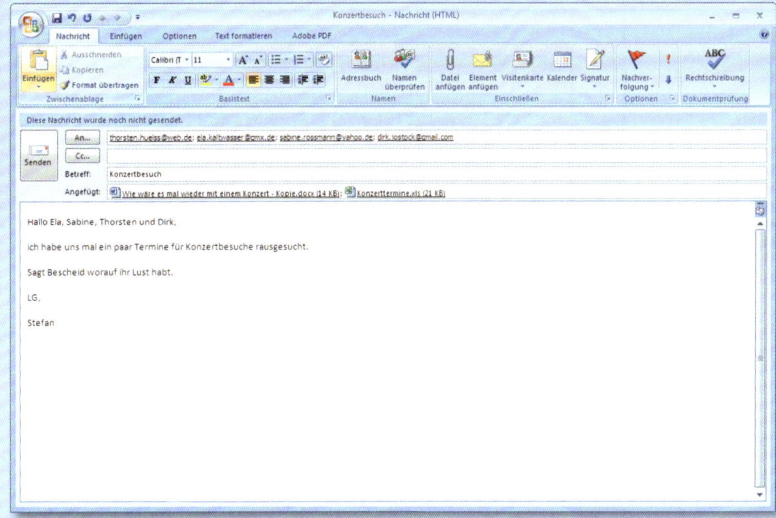

3 Beispiel für eine E-Mail mit Anhang in Outlook

In der Adresszeile ① wird die Adresse einer **Homepage** eingegeben, z. B. www.wlw.de. Die Web-Adresse enthält immer eine Länderkennung (Tab. 2) bzw. eine Top-Level-Domain wie „.com".

> **Die Homepage ist die erste Seite einer gesamten Internetseite. Sie kann eine Vielzahl von Unterseiten haben.**

Tab. 2: Länderkennungen (Auswahl)

Länderkennungen	Land
fr	Frankreich
dk	Dänemark
au	Österreich
tr	Türkei
info, org, tv	Top-Level-Domain (keinem Land zugeordnet)

AUFGABE

1. Sie wollen gemeinsam mit Ihren Freunden ein Konzert 2 besuchen. Recherchieren Sie im Internet nach Konzerten und halten Sie die Termine in einer Exceltabelle fest.

2. Erstellen Sie einen Ordner mit dem Namen „Freizeit" und speichern Sie dort Ihre Tabelle.

3. Schreiben Sie mithilfe von Word eine Nachricht an Ihre Freunde. Gestalten Sie die Nachricht durch verschiedene Schriftarten, Schriftfarben und -größen. Fügen Sie ein passendes Bild ein.

4. Speichern Sie die Nachricht im Ordner „Freizeit".

5. Verfassen Sie eine E-Mail. Schicken Sie Ihr Worddokument und Ihre Exceltabelle an Ihre Freunde 3.

Zusammenfassung

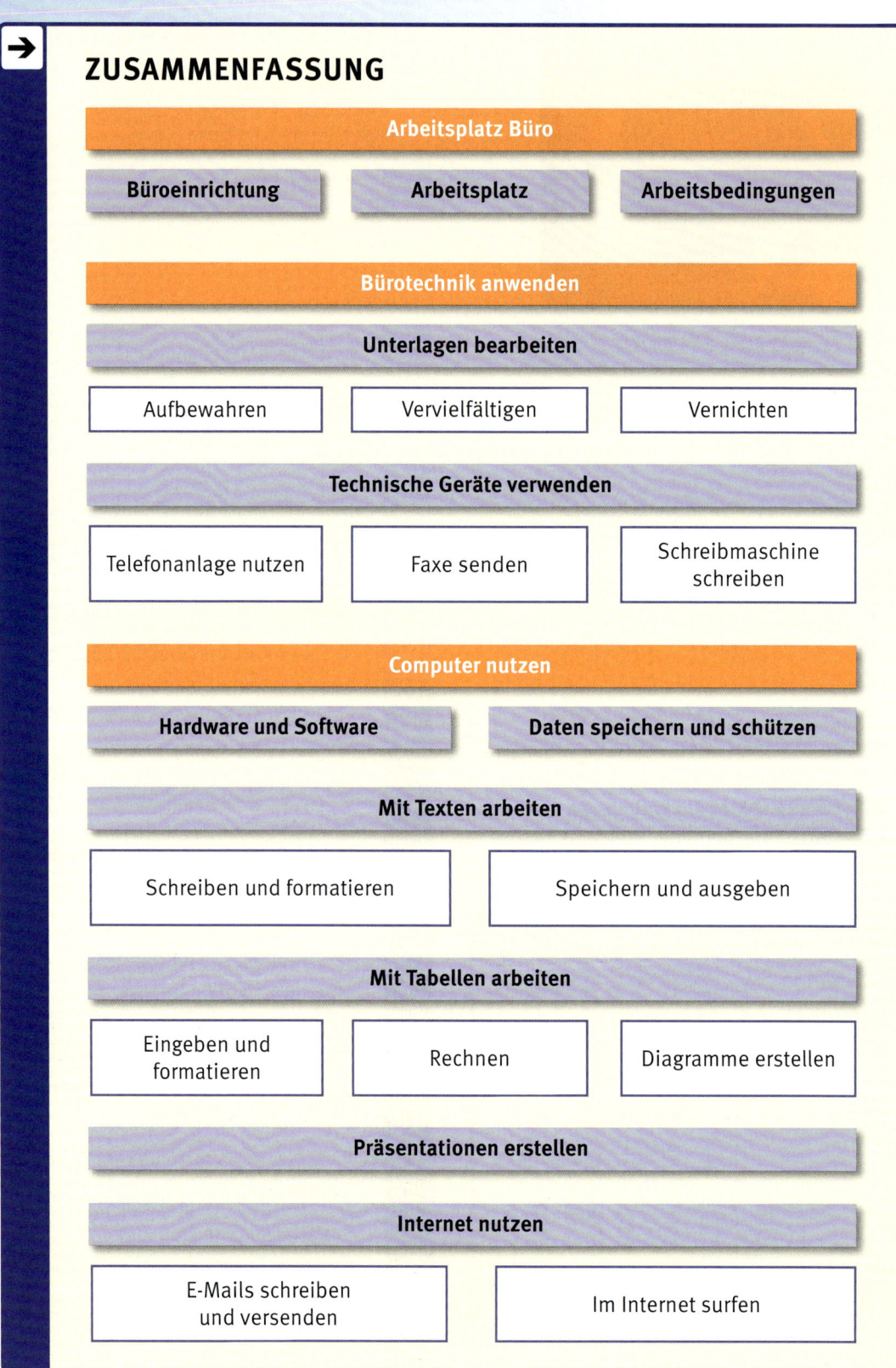

Miteinander umgehen   2

2.1 Auftreten im Büroalltag

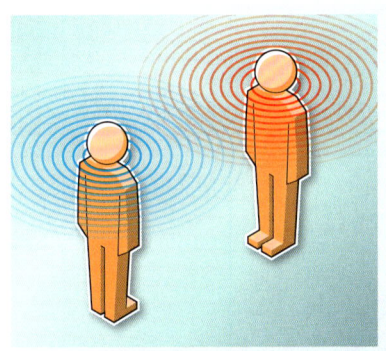

Signale senden, Signale empfangen, Signale erkennen – auch ohne Worte.

2.2 Miteinander reden

Reden – aber so, dass es verstanden wird.

2.3 Briefe und E-Mails schreiben

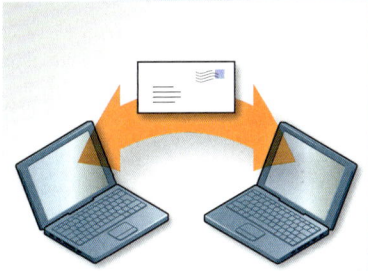

Mailen wie die Profis.

1 Menschen auf einer Party

2 Menschen im Büro

2.1 Auftreten im Büroalltag

Ob im Privatleben 1 oder im Beruf 2 – wenn Menschen zusammenkommen, tauschen sie Signale aus, z. B. durch ein Lächeln.

Sie kommunizieren miteinander, das bedeutet, sie verständigen sich. Das geschieht, indem sie miteinander reden und durch:

- Körpersprache,
- Mimik und
- Gestik.

Signale werden nicht nur auf diesen Wegen ausgetauscht. Menschen wirken aufeinander auch durch ihr Erscheinungsbild.

Das Erscheinungsbild wird bestimmt von:

- Kleidung,
- Frisur,
- Schmuck,
- Körperpflege, …

In allen Signalen drückt sich die Haltung gegenüber den Mitmenschen aus. Menschen spüren darin, ob sie gegenseitig respektiert werden, also Wertschätzung erfahren.

Wie die Signale von anderen Menschen aufgenommen werden, beeinflusst ganz wesentlich die Art, wie wir miteinander leben und arbeiten.

Der Austausch von Signalen findet immer statt, er lässt sich nicht unterdrücken. Da negative Signale unser Zusammenleben erschweren, ist es im Privatleben und im Beruf entscheidend, dass wir positive Signale aussenden 3 .

3 Signale und Auswirkungen

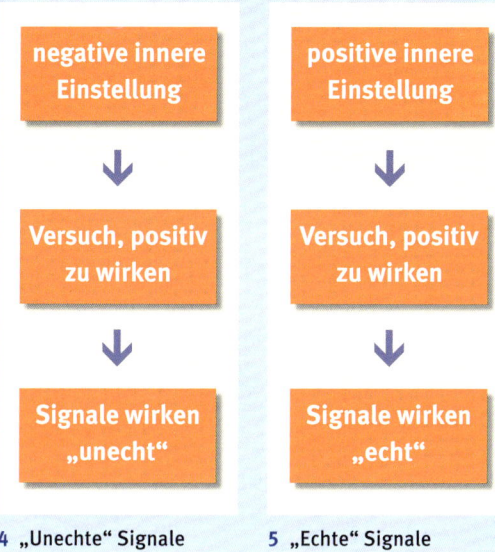

4 „Unechte" Signale   5 „Echte" Signale

> **AUFGABE**
>
> **1.** Überlegen und notieren Sie sich drei Dinge, die Sie wertschätzen können:
>
> a) bei Freunden,
> b) bei Kollegen,
> c) bei Kunden,
> d) bei Geschäftspartnern.
>
> **2.** Schreiben Sie jeweils drei wertschätzende Gesprächseinleitungen auf:
>
> a) für Freunde,
> b) für Kollegen,
> c) für Kunden,
> d) für Geschäftspartner.

Wertschätzen

Signale, die man aussendet, lassen sich nicht so leicht beeinflussen. Wird es dennoch versucht, wirken sie oft aufgesetzt und unecht 4 .

Signale wirken dann echt, wenn sie ehrlich sind. Eine positive Einstellung fördert eine positive Wirkung 5 .

Wie gelangt man zu einer positiven Einstellung gegenüber Kollegen, Kunden und Geschäftspartnern?

An den meisten Menschen lässt sich etwas finden, das sich wertschätzen lässt.

Gezieltes Überlegen und Suchen nach solchen Dingen können zu einer positiven Einstellung diesen Menschen gegenüber führen.

Beginnt ein Gespräch mit den Worten „Schön, dass Sie da sind", freut sich der Angesprochene. Auch bei dem, der es sagt, kann es ein Gefühl der **Wertschätzung** auslösen.

Welche Dinge lassen sich an Mitmenschen im Berufsleben wertschätzen?

Bei Kollegen:

- Sie sind freundlich.
- Sie nehmen sich Zeit für mich.
- Selbst ihre Kritik ist letztlich hilfreich.

Bei Kunden:

- Ich „lebe" von ihnen.
- Sie interessieren sich für unsere Produkte oder Dienstleistungen.

Bei Geschäftspartnern:

- Es sind meine Geschäftspartner.
- Sie haben an uns Interesse.
- Wir wollen etwas von ihnen.

> Wertschätzung entsteht durch eine positive Einstellung. Dinge, die man wertschätzen kann, können gezielt gesucht werden.

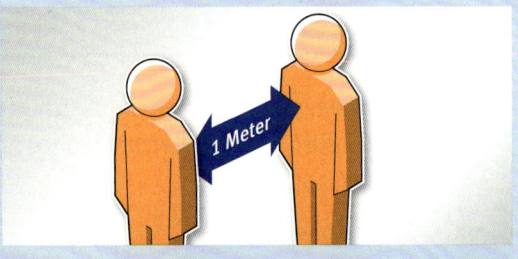

1 Abstand beim Kommunizieren

AUFGABE

Üben Sie verschiedene Körperhaltungen, Gestik und Mimik

a) vor dem Spiegel,

b) vor einer Video-Kamera oder einer Webcam.

2 Richtige Körperhaltung

3 Falsche Körperhaltungen

Körpersprache, Mimik, Gestik

Körpersprache umfasst alle Signale, die durch Haltungen und Bewegungen des Körpers ausgesendet werden.

Über diese Wege werden mehr Signale ausgetauscht, als man vielleicht denkt. Schon kleine Kinder verständigen sich mit Erwachsenen über Signale des Körpers, besonders des Gesichts.

Beim Kommunizieren mit Mitmenschen ist zunächst der Abstand bedeutsam 1 .

geringer Abstand	großer Abstand
⬇	⬇
Der andere weicht zurück.	Der andere rückt näher.

▌ Der richtige Abstand beim Gespräch liegt bei ungefähr einem Meter.

Körperhaltung meint die Art des Stehens oder auch Sitzens. Sie sollte entspannt, aber nicht übertrieben lässig sein.

Eine Möglichkeit des entspannten Stehens besteht darin, die Arme anzuwinkeln und die Hände vor dem Körper zu halten 2 .

Folgende Körperhaltungen sollten vermieden werden 3 :

- Hände in die Hüften stemmen,
- Hände in die Hosentaschen stecken,
- Arme verschränken.

Als **Gestik** bezeichnet man Bewegungen der Hände und Arme, z.B. Winken.

Mit **Mimik** ist der Gesichtsausdruck und die Bewegung der Gesichtsoberfläche gemeint. In erster Linie handelt es sich um Bewegungen der Augen und des Mundes.

▌ Gestik und Mimik sollten weder übertrieben noch zu schwach sein.

4 Positives Erscheinungsbild

5 Problematisches Erscheinungsbild

Erscheinungsbild

Kleidung, Frisur, Schmuck und Körperpflege bestimmen das **Erscheinungsbild** von Menschen.

Das Erscheinungsbild sollte zur Person selbst, aber auch zur Art des Betriebes passen, in dem diese Person arbeitet 4 . Eine gute Orientierung bietet die Beobachtung der Kollegen und der Besucher im Büro.

Die Frisur bietet viele Möglichkeiten, das Aussehen zu gestalten. Unabhängig von der Frisur müssen die Haare gepflegt und sauber sein.

Manche Frisuren, Piercings und Schmink-Stile können problematisch sein. Dies gilt vor allem, wenn sie extrem aussehen 5 .

Selbstverständlich muss die Kleidung frisch und sauber sein. Im Hochsommer oder zu entsprechenden Anlässen kann es sinnvoll sein, frische Kleidung zum Wechseln dabei zu haben.

Körperpflege hat eine besonders wichtige Bedeutung für das Erscheinungsbild. Sie sollte immer den Anforderungen entsprechen (Tab. 1).

Tab. 1: Körperpflege (Auswahl)

Ziel	Maßnahme
angenehmer Geruch	Duschen, Kleidung entsprechend häufig wechseln, Deodorant benutzen, Parfüm oder Rasierwasser in geringen Mengen verwenden
gepflegte Hände und Finger	Hände und Fingernägel sauberhalten
gepflegte Zähne	Mund- und Zahnpflege, regelmäßiger Zahnarztbesuch

> Das Erscheinungsbild sollte sowohl zur Person als auch zum Betrieb passen. Die Körperpflege ist besonders wichtig.

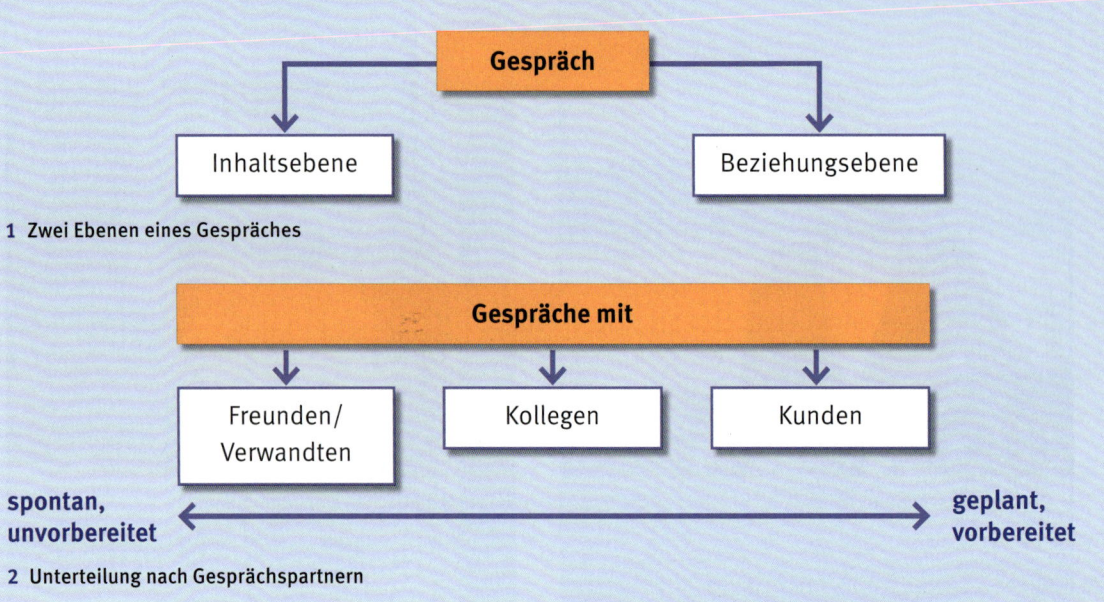

1 Zwei Ebenen eines Gespräches

2 Unterteilung nach Gesprächspartnern

2.2 Miteinander reden

Das Gespräch

Ein **Gespräch** hat zwei Ebenen 1 . Einerseits geht es um Inhalte. Das können Informationen über Art und Menge einer bestellten Ware und einen Liefertermin sein.

Andererseits wird ein Gespräch auch durch die Beziehung geprägt, in der die Partner zueinander stehen. Mit Freunden wird anders gesprochen als mit Kollegen, Kunden oder dem Chef.

Im Gespräch können Wertschätzung und Nähe, aber auch Abneigung ausgedrückt werden.

Neben dem eigentlichen Inhalt muss deshalb unbedingt auf Respekt und Freundlichkeit geachtet werden.

> Gespräche haben eine Inhaltsebene und eine Beziehungsebene.
> Respekt und Freundlichkeit sind wichtig.

Gespräche vorbereiten

Manche Gespräche müssen vorbereitet werden. Der Umfang der **Gesprächsvorbereitung** hängt u. a. vom Gesprächspartner ab 2 (Tab. 1).

Tab. 1: Gesprächspartner und Aufwand der Vorbereitung (Beispiele)

Gesprächspartner	Vorbereitung
Freunde/Verwandte	keine Vorbereitung
Kollegen	abhängig von der Bedeutung
Kunden	sorgfältige Vorbereitung

Bei der Vorbereitung von Gesprächen sind folgende Dinge zu beachten:

- Welche Art der Begrüßung passt?
- Wie heißt mein Gesprächspartner?
- Was ist der Inhalt des Gesprächs?
- Welche Unterlagen werden benötigt?
- Ist Schreibzeug notwendig?

Tab. 2: Begrüßungen

Begrüßung	Wirkung
„Guten Morgen" „Guten Tag" „Guten Abend"	passend im Geschäftsleben
„Hallo"	wirkt vertraulich, eher bei Freunden/befreundeten Kollegen geeignet
„Grüß Gott" „Moin" „Servus"	nur in bestimmten Regionen geeignet

3 Bei der Vorstellung den Namen merken

Gespräche führen

Die Wahl der **Begrüßung** (Tab. 2) hängt unter anderem ab von:

- der Tageszeit,
- der Beziehung zum Gesprächspartner,
- der Art des Betriebes,
- den regionalen Gewohnheiten.

Den Gesprächspartner mit seinem Namen anzusprechen, drückt Wertschätzung aus. Ist der Name des Gesprächspartners bekannt, sollte er daher auch namentlich angesprochen werden.

Manchmal kann der Name durch Unterlagen, Bankkarte oder Visitenkarte in Erfahrung gebracht werden.

Stellt sich der Gesprächspartner vor, sollte man sich unbedingt den Namen merken 3.

Die eigentlichen Inhalte sollen kurz und unmissverständlich besprochen werden.

Gespräche nachbereiten

Folgende Überlegungen können sinnvoll sein:

- Was muss aufgeschrieben werden?
- Was muss veranlasst werden?
- Wer muss informiert werden?

AUFGABE

1. Nennen Sie je zwei mögliche Begrüßungen

a) für Ihren Chef,

b) für ältere Kollegen,

c) für gleichaltrige Kollegen.

2. Sie wissen, dass in Kürze ein Kunde zu Ihnen kommt, dem versehentlich ein falscher Artikel geliefert wurde.

a) Bereiten Sie das Gespräch vor.

b) Schreiben Sie einen möglichen Ablauf des Gesprächs auf.

c) Üben Sie dieses Gespräch im Rollenspiel.

Antwort hilft nicht viel weiter

1 Geschlossene Frage – Ja oder Nein als Antwort möglich

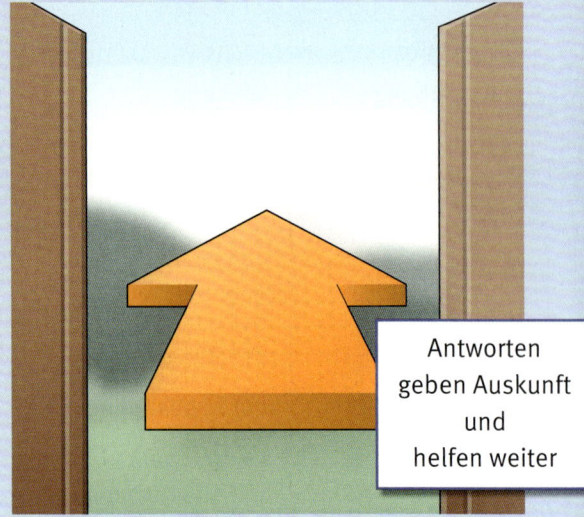

Antworten geben Auskunft und helfen weiter

2 Offene Frage – Ja oder Nein nicht als Antwort möglich

Gesprächspartner Kunde

Ein Gespräch in der Familie oder im Freundeskreis: kein Problem. Doch ein **Gespräch mit Kunden** kann purer Stress sein.

Kunden sind, wie sie sind:

- freundlich,
- herablassend,
- bittend,
- unverschämt, …

Das unterschiedliche Verhalten der Kunden fordert heraus und macht die Arbeit spannend und abwechslungsreich.

> **Kunden sind höflich und freundlich zu behandeln.**

Eine gute Vorbereitung und Rollenspiel-Übungen helfen, Stress erst gar nicht entstehen zu lassen. Verschiedene Situationen können durchgespielt werden und das Selbstvertrauen wächst.

Für den Gesprächsbeginn gibt es verschiedene Möglichkeiten:

- in einem Ladengeschäft: Kunden entgegengehen,
- hinter einem Kinokarten-Schalter: Kunden im Sitzen begrüßen,
- im Empfangsbereich einer Firma: Kunden die Hand zur Begrüßung reichen.

> **Blickkontakt und ein freundliches Wort sind immer wichtig.**

Anschließend gilt es herauszufinden, was der Kunde will. Dabei muss Folgendes beachtet werden:

- Nicht mehrere Fragen auf einmal oder kurz hintereinander stellen, der Kunde könnte sich dabei wie in einem Verhör fühlen.
- **Geschlossene Fragen** 1 vermeiden.
- **Offene Fragen** 2 stellen.
- Gespräche sind so zu führen, dass sie zu einem positiven Ende kommen (z. B. Kauf, zufriedener Kunde).

Miteinander reden

3 Kundin lässt sich beraten

AUFGABE

1. Schauen Sie sich Bild **3** an.

a) Beschreiben Sie kurz, was Sie sehen.

b) In was für einem Betrieb könnte das sein? Nennen Sie zwei mögliche Branchen.

Fragen stellen, Gespräche führen

„Kann ich Ihnen helfen?"
„Wie kann ich Ihnen helfen?"

Zwei Fragen, die fast gleich sind, aber: Antwortet der Kunde auf die erste Frage mit „Nein", ist das Gespräch zu Ende, bevor es angefangen hat (geschlossene Frage).

Diese Gefahr besteht bei der zweiten Frage nicht. Der Kunde kann nicht einfach mit „Ja" oder „Nein" antworten, er muss seine Wünsche äußern (offene Frage). Damit gibt der Kunde Hinweise, die dabei helfen können, zielgerichtet auf seine Wünsche einzugehen.

Auf Folgendes ist dabei zu achten:

- Gut zuhören, wenn der Kunde etwas sagt.
- Erkennen, was der Kunde will.
- Den Nutzen der Ware/Dienstleistung für den Kunden deutlich machen.
- Ware/Dienstleistung für sich sprechen lassen (z. B. vorführen oder probieren lassen).

Der erste Eindruck, den ein Kunde von einem Geschäft, einer Behörde oder einer Firma gewinnt, beeinflusst sein weiteres Verhalten.

Ein zufriedener Kunde kommt wieder, ein unzufriedener nicht.
Doch beide geben ihre Erfahrung weiter!

AUFGABE

2. Wie können sich Kunden verhalten? Finden Sie beschreibende Wörter.

3. Bilden Sie Gruppen mit max. drei Personen. Jede Gruppe überlegt sich ein Kundengespräch.

Schreiben Sie das Gespräch in wörtlicher Rede auf und spielen Sie es den anderen vor. Machen Sie, wenn möglich, eine Video-Aufnahme davon.

Schauen Sie es sich dann an und finden Sie heraus, was positiv war und was zu verbessern ist.

1 Telefonat unter Freunden

2 Schwieriges geschäftliches Telefonat

Im Büro telefonieren

Ein Leben ohne Telefon? Das kann sich heute kaum jemand vorstellen.

Auch im Zeitalter des Computers und all seiner Möglichkeiten stellt das Telefon nach wie vor eine wichtige Möglichkeit der Kommunikation dar. Für viele Menschen gehört ein Handy einfach dazu.

Ein Telefonat in der Familie oder im Freundeskreis: kein Problem 1 . Man redet einfach so, wie es die Situation erfordert: mit Freunden wahrscheinlich anders als mit der Mutter.

Ein **geschäftliches Telefongespräch** zu führen ist aber nicht so einfach 2 . Da kann man schnell in ein Fettnäpfchen treten oder gar Schaden anrichten.

Ein gesprochenes Wort kann nicht mehr zurückgenommen werden. Darum ist es wichtig, sich zu konzentrieren und bestimmte Regeln einzuhalten 3 .

Grundsätzlich:
- Stift und Papier bereithalten
- höflich, freundlich, deutlich sprechen
- in angemessener Lautstärke sprechen
- keine anderen Dinge tun – das lenkt ab und der Gesprächspartner hört das

Begrüßung/Beenden des Gesprächs:
- Firmennamen nennen
- eigenen Namen nennen
- Begrüßung: landesüblich
- Beenden: für das Gespräch danken und verabschieden

Notizen machen:
- Uhrzeit aufschreiben
- Namen des Anrufers und Firmennamen aufschreiben
- gewünschten Gesprächspartner und Inhalt des Gesprächs in Stichwörtern notieren

3 Regeln für Telefonate im Büro

Miteinander reden

a) Firma Omega KG, guten Tag. Hier ist die Telefonzentrale, Sie sprechen mit Herrn Schulze. Was kann ich für Sie tun?
b) Guten Tag, hier spricht Irmela Gürtler. Bitte verbinden Sie mich mit der Lokalredaktion, möglichst mit Frau Geiger.
c) Guten Abend, hier spricht Markus Möller, Lagerverwalter bei der Firma Lässig. Ich habe Ihre Anzeige in der „Tagespost" gelesen. Wir sind interessiert an der Lagerhalle, die Sie verpachten wollen.
d) Grüß Gott, Münchner Verkehrsbetriebe. Sie sprechen mit Frau Fingerl. Wie kann ich Ihnen helfen?

4 Melanies Telefonat im Praktikum   **5** Begrüßungen

Beurteilen Sie folgendes Telefongespräch:

Melanie hat einen Praktikumsplatz im Büro der Firma „Elektronische Bauteile – EBT" gefunden. Es ist kurz vor der Mittagspause. Sie liest gerade eine Zeitschrift, als das Telefon klingelt. Sie greift nach dem Hörer **4** .

– Melanie: „Hallo?"
– Eine Männerstimme, leicht unsicher: „Wer ist denn dort?"
– Melanie: „Äh, Firma EBT."
– Die Männerstimme: „Wie? Ach so, ja, ich wollte – mit wem spreche ich eigentlich?"
– Melanie: „Ich heiße Melanie."
– Die Männerstimme, genervt: „Ich will Frau Alpress sprechen."
– Melanie: „Ich kenne mich mit der Telefonanlage nicht aus, ich kann Sie nicht verbinden. Rufen Sie doch gegen 14:00 Uhr noch mal an, da ist dann Herr Hölsch wieder da, der kennt sich aus. Oder kann ich was ausrichten?"
– Die Männerstimme, jetzt deutlich genervt: „Ja, Ihr Chef sollte Ihnen erst einmal Manieren beibringen, bevor er Sie auf Kunden loslässt."
Der Anrufer legt auf.

AUFGABE

1. Wie hätte sich Melanie melden müssen?

2. Was hat Melanie vergessen zu fragen?

3. Wie hätte Melanie ihr Nichtwissen anders darstellen können?

4. Beurteilen Sie die Begrüßungen **5** .

5. Formulieren Sie selbst zwei Beispiele für Begrüßungen am Telefon.

6. Entwerfen Sie ein Formular für Ihre Telefonnotizen.

① Briefkopf und Absender

② Anschriftfeld = Empfängeradresse, oft mit Absenderangabe

③ Informationsblock oder Bezugszeichenzeile (= Kommunikationsangaben)

④ Betreff: in Zeile 20

⑤ Anrede: mit 2 Zeilen Abstand nach Betreff

⑥ Brieftext: mit 1 Zeile Abstand nach Anrede

⑦ Grußformel: mit 1 Zeile Abstand nach Brieftext

⑧ Unterschrift: 3 Zeilen für Handschrift, dann maschinenschriftliche Unterschrift

⑨ Anlage / Verteilervermerk: mit 1 Zeile Abstand nach maschinenschriftlicher Unterschrift

⑩ Fußzeile

- Seitenränder: oben und unten je 1,7 cm, links 2,4 (2,5) cm, rechts 2 cm (mind. 0,8 cm).
- Schriftgröße:
  Größe 11 ist korrekt, die Größen 12 (bevorzugt) und 10 sind ebenfalls möglich.
  Die Absenderangabe ⑪ bei Briefumschlägen mit Klarsichtfenster ist eine Ausnahme:
  Sie muss kleiner geschrieben werden, aber nicht kleiner als Zeichengröße 6.
  Sie ist vor einem möglichen postalischen Vermerk ⑫ und Anschrift einzufügen.
- Einrückungen im Brieftext ⑬ werden entweder mit der Tab-Funktion vorgenommen oder am Lineal ausgerichtet.

Für Auslands-Anschriften gelten zusätzlich folgende postalische Vorschriften:
- Ortsnamen in Großbuchstaben und nach Möglichkeit in der Sprache des Bestimmungslandes;
- Namen des Landes in Großbuchstaben und in deutscher, französischer oder englischer Sprache in die letzte Zeile;
- keine sonstigen Länderkennzeichnungen verwenden.

1 Regeln für den Geschäftsbrief nach DIN-Norm

2.3 Briefe und E-Mails schreiben

Geschäftsbrief – formal gestalten

Mit jemandem schriftlich Kontakt aufnehmen erfolgt auf unterschiedliche Weise. Häufig geschieht das im privaten Bereich durch einen Brief oder mit einer SMS.

Im geschäftlichen Bereich sind SMS im Allgemeinen nicht üblich und sollten nur in äußerst dringenden Fällen benutzt werden.

Für die schriftliche Kommunikation werden dort folgende Möglichkeiten genutzt:

- Brief,
- Fax,
- E-Mail.

Dies sind verschiedene Formen des Geschäftsbriefes, für die es Regeln gibt, die eingehalten werden müssen **1**.

Geschäftsbriefe werden heute nicht mehr von Hand geschrieben. Die meisten Firmen benutzen ein Textverarbeitungsprogramm **2**.

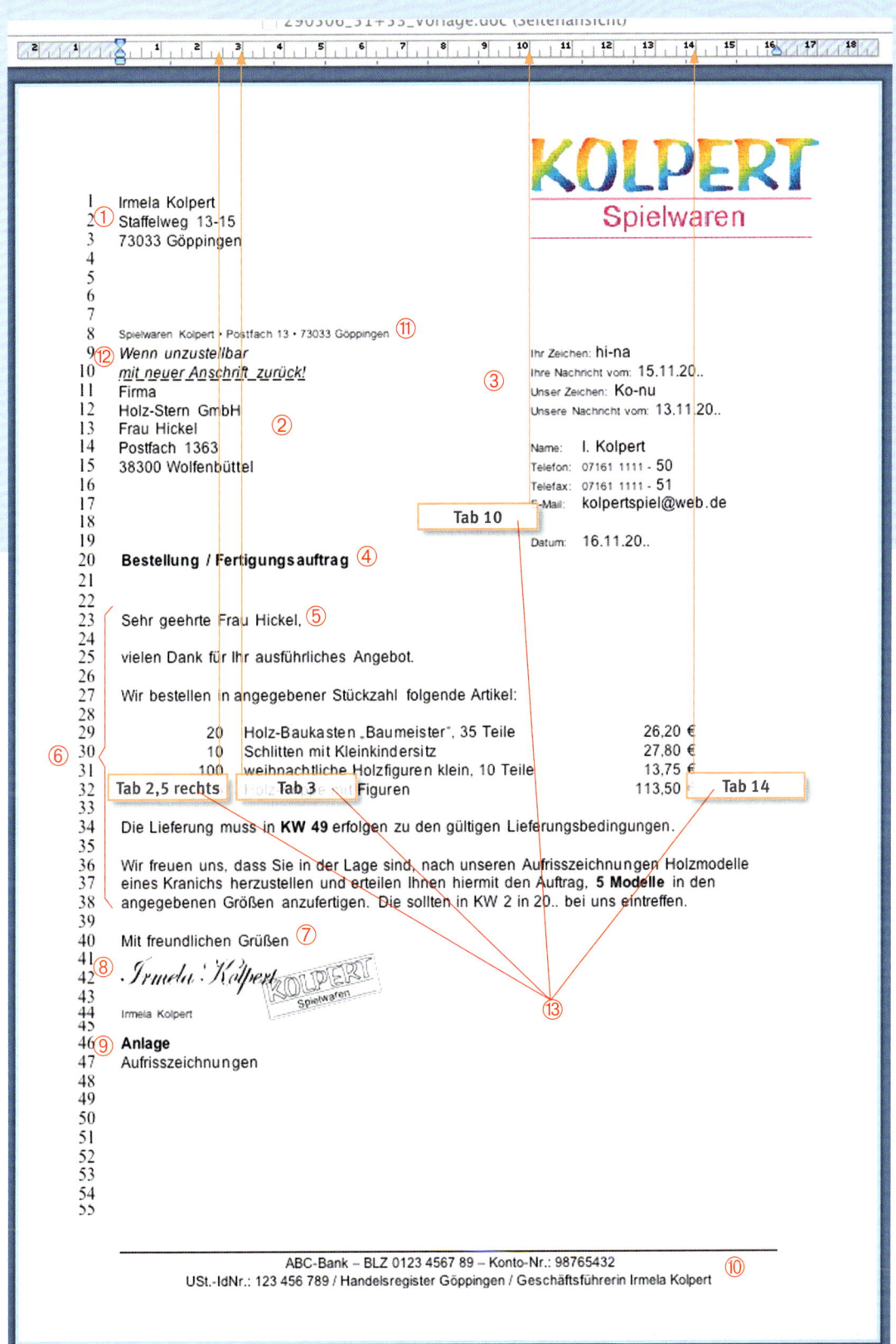

2 Geschäftsbrief mit Textverarbeitungsprogramm erstellt

Briefe und E-Mails schreiben

Liebe Frau XXX,

Mit freundlichen Grüßen

Sehr geehrter Herr XY,

Hi, Frau XXX!

Tschüss dann!

1 Anrede- und Grußformeln

AUFGABE

1. Lesen Sie die Anrede- und Grußformeln in Bild **1** und entscheiden Sie

a) Welche passen zusammen?

b) Finden Sie zwei weitere zusammenpassende Anrede- und Grußformeln.

2. Schreiben Sie einen Geschäftsbrief:

Sie bestätigen die Bestellung aus Abbildung **2**.

Schreiben Sie mit einem Textverarbeitungsprogramm und beachten Sie dabei Form und Inhalt eines Geschäftsbriefes.

Geschäftsbrief – inhaltlich gestalten

Der Musterbrief **2** zeigt den Inhalt eines Geschäftsbriefes nach gültiger DIN-Norm:

- Im **Briefkopf** ① steht der grafisch gestaltete Firmenname, oft zusätzlich mit einem Logo.

- **Kommunikationsangaben** ② erleichtern den Umgang im Schriftverkehr. Für sie gibt es zwei Formen: Bezugszeichenzeile und Informationsblock.

- In der **Betreffzeile** ③ wird der Grund für das Schreiben genannt (nicht länger als zwei Zeilen, es darf fett geschrieben werden).

- Die höfliche **Anrede** ④ folgt mit zwei Zeilen Abstand. Nach der Anrede wird ein Komma gesetzt.

- Der **Brieftext** ⑤ folgt nach einer Zeile Abstand. Er beginnt meist mit einem Dank für ein erhaltenes Schreiben. Dann wird dargestellt, worum es in dem Brief geht.

- Die **Grußformel** ⑥ folgt mit einer Zeile Abstand nach dem Text.

- Für die **handschriftliche Unterschrift** ⑦ sind 3 Zeilen vorgesehen, darunter folgt die maschinenschriftliche Unterschrift, meist mit einem Firmenstempel.

- **Anlagen** ⑧: Werden mit dem Brief Unterlagen mitgeschickt, sollte das vermerkt werden. Auch dieses Wort darf fett geschrieben werden, erhält aber keinen Doppelpunkt. Darunter kann nun aufgelistet werden, was als Anlage mitgeschickt wird. Bei Platzmangel nach unten (Seitenende) wird das Wort in Höhe der Grußformel bei Tab 10 geschrieben.

- **Verteilervermerk** ⑨: Wird der Brief auch an andere Adressaten geschickt, sollte das dem Geschäftspartner mitgeteilt werden. Er folgt mit einer Zeile Abstand den Anlagen.

- **Fußzeile** ⑩: Hier werden sonstige Angaben zur Firma eingetragen.

Irmela Kolpert
Staffelweg 13-15
73033 Göppingen

① KOLPERT
Spielwaren

Spielwaren Kolpert • Postfach 13 • 73033 Göppingen
Wenn unzustellbar
mit neuer Anschrift zurück!
Firma
Holz-Stern GmbH
Frau Hickel
Postfach 1363
38300 Wolfenbüttel

Ihr Zeichen: **hi-na**
Ihre Nachricht vom: **15.11.20..**
Unser Zeichen: **Ko-nu**
Unsere Nachricht vom: **13.11.20..**

Name: **I. Kolpert**
Telefon: 07161 1111 - **50**
Telefax: 07161 1111 - **51**
E-Mail: **kolpertspiel@web.de**

Datum: **16.11.20..** ②

Bestellung / Fertigungsauftrag ③

Sehr geehrte Frau Hickel, ④

vielen Dank für Ihr ausführliches Angebot.

Wir bestellen in angegebener Stückzahl folgende Artikel:

20	Holz-Baukasten „Baumeister", 35 Teile	26,20 €
10	Schlitten mit Kleinkindersitz	27,80 €
100	weihnachtliche Holzfiguren klein, 10 Teile	13,75 €
5	Holz-Krippe mit Figuren	113,50 €

⑤

Die Lieferung muss in **KW 49** erfolgen zu den gültigen Lieferungsbedingungen.

Wir freuen uns, dass Sie in der Lage sind, nach unseren Aufrisszeichnungen Holzmodelle eines Kranichs herzustellen und erteilen Ihnen hiermit den Auftrag, **5 Modelle** in den angegebenen Größen anzufertigen. Die sollten in KW 2 in 20.. bei uns eintreffen.

⑥ Mit freundlichen Grüßen

⑦ *Irmela Kolpert* KOLPERT Spielwaren

Irmela Kolpert

⑧ **Anlage**
Aufrisszeichnungen

⑨

___
ABC-Bank – BLZ 0123 4567 89 – Konto-Nr.: 98765432
USt.-IdNr.: 123 456 789 / Handelsregister Göppingen / Geschäftsführerin Irmela Kolpert ⑩

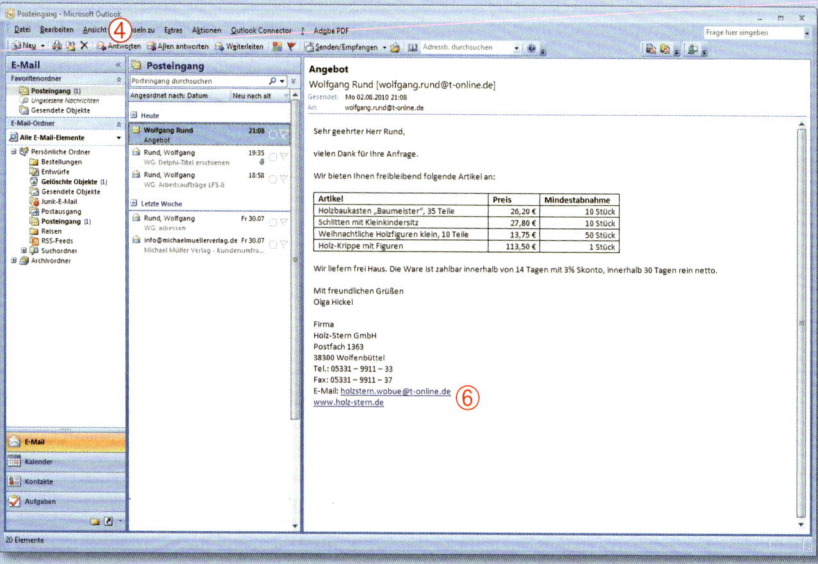

1 E-Mail erhalten

E-Mails empfangen

Das Empfangen von E-Mails **1** hat Vor- und Nachteile. Sie können auch gefährliche Inhalte haben (Tab. 1).

Grundsätzlich gilt:
- Das E-Mail-Konto sollte täglich geöffnet werden, geschäftliche mehrmals täglich. Nur so können Kundenwünsche termingerecht und kundenfreundlich bearbeitet werden.
- So wie ein Briefkasten regelmäßig geleert wird, sollten E-Mails gelöscht oder in gesonderten Ordnern gespeichert werden. Dadurch wird verhindert, dass ein E-Mail-Konto wegen Überfüllung nicht mehr erreichbar ist.
- Wichtige E-Mail-Adressen werden im Adressbuch gespeichert. So ist sichergestellt, dass die Adressdaten jederzeit und schnell gefunden werden.

Tab. 1: E-Mail – Vorteile, Nachteile und Gefahren

Vorteile	Nachteile	Gefahren
• das schnellste schriftliche Kommunikationsmittel – ohne großen Zeitverzug • geringe Kosten im Vergleich zu Briefporto	• täglich große Flut von E-Mails (z. B. Spam-Mails) • schwierig, Wichtiges von Unwichtigem zu trennen – kostet Zeit	• gefährliche E-Mails: Viren, Trojaner u. Ä. • bei „Absturz" des Computers kein Zugriff auf E-Mails und Adressdaten möglich

Briefe und E-Mails schreiben

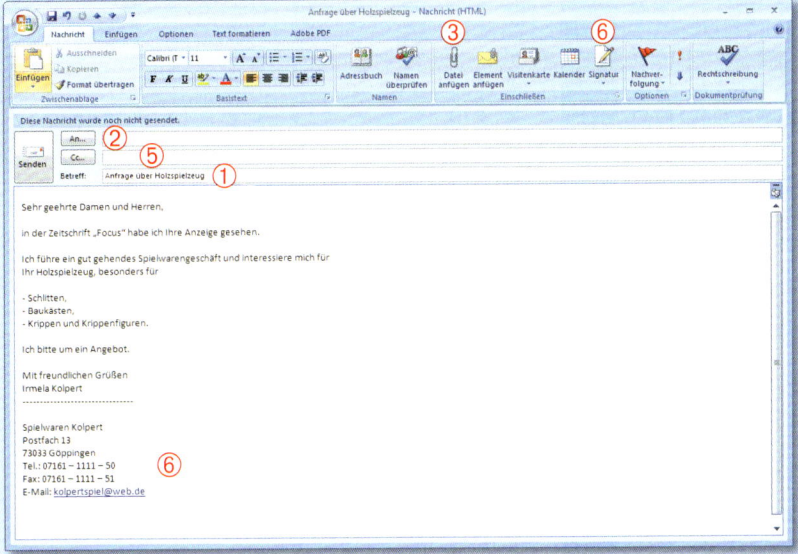

2 E-Mail schreiben

E-Mails schreiben

Der Text einer E-Mail wird oft sehr frei gestaltet. Grundsätzlich gilt aber 2 :

- Betreffzeile ① unbedingt nutzen, denn sie kann Aufmerksamkeit erzeugen.

- Möglichst an eine Person adressieren ②, denn so ist die persönliche Anrede möglich.

- Die E-Mail kann das Begleitschreiben zu einem Geschäftsbrief sein, der als Anhang mitgeschickt wird ③. Der Text der E-Mail ist dann sehr kurz.

- Wichtige Aussagen, z. B. Termine, sollten aber immer im E-Mail-Text genannt werden.

- Ist die E-Mail selbst der Geschäftsbrief, gelten die Regeln des Geschäftsbriefs.

- Rechtschreibung, Grammatik und Wortwahl ebenso beachten wie in einem Brief.

- Die Antwortfunktion ④, wenn möglich, immer nutzen. Der Empfänger weiß sofort, worum es geht, auch wenn er nicht der eigentliche Absender war.

- Die Verteiler bzw. weiteren Adressaten beachten ⑤.

- Die Signatur ⑥ sollte immer mitgeschickt werden.

- An E-Mails lassen sich alle Arten von Dateien anhängen: Bilder, Tabellen, ...

AUFGABE

1. Recherchieren Sie: Was versteht man unter Netiquette?

2. Worin unterscheiden sich private und geschäftliche E-Mails?

3. Welche Mailanbieter sind Ihnen bekannt? Nennen Sie mindestens drei Anbieter.

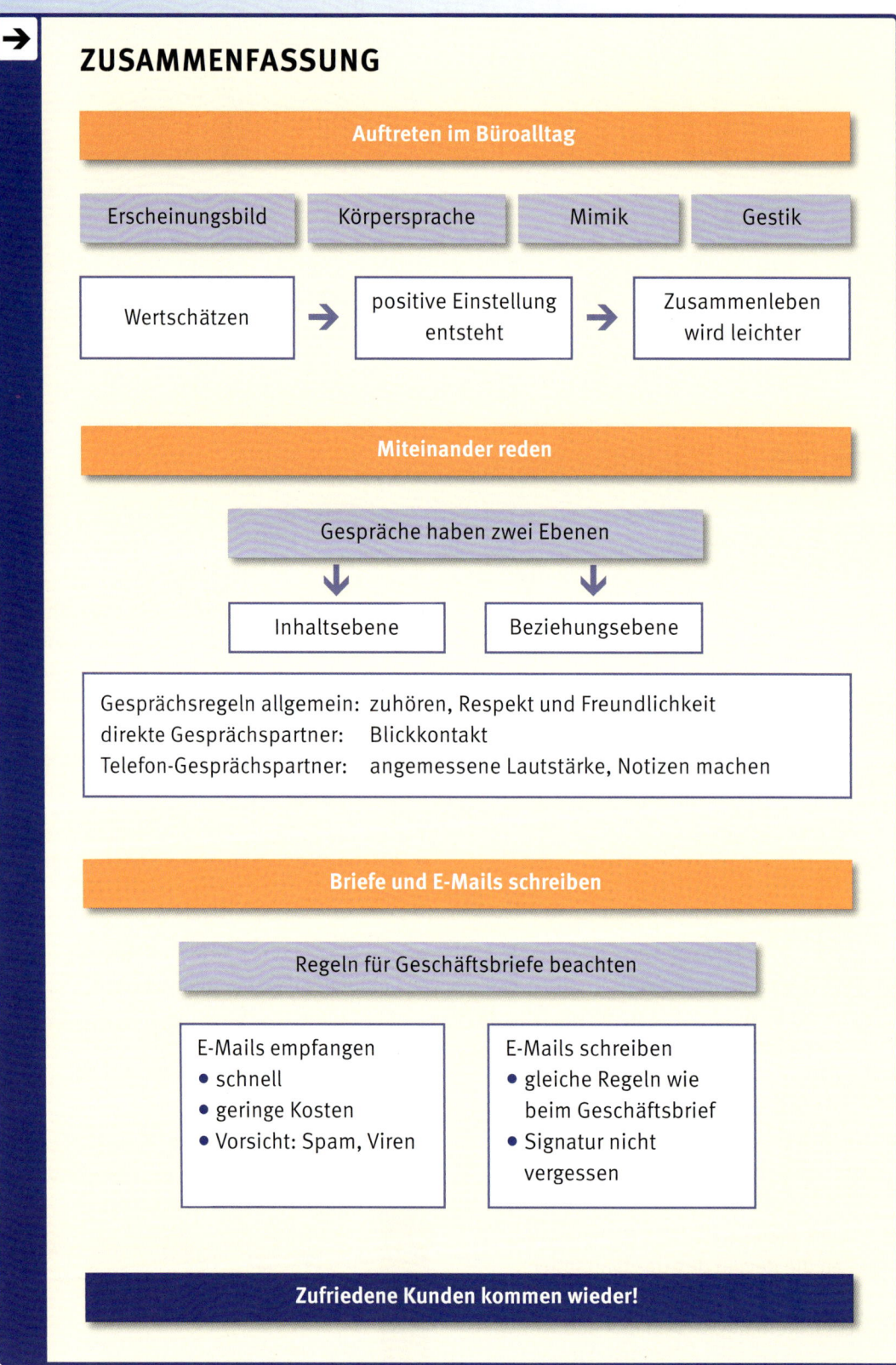

Wirtschaftlich handeln 3

3.1 Einen Betrieb organisieren

Miteinander zum Erfolg.

3.2 Einkaufen

Vergleichen lohnt sich.

3.3 Verkaufen

Ist es der Preis allein?

3.4 Projektaufgaben

Hier zeigt sich, was ein Jeder kann.

1 Schreibtischarbeit

2 Zahnarztpraxis

3.1 Einen Betrieb organisieren

Eine Situation, die wohl viele kennen:
Man sitzt an seinem Schreibtisch, um an einer Hausarbeit zu schreiben 1 . Viele Bücher und Ordner liegen auf dem Tisch verteilt. Plötzlich klingelt das Handy. Doch wo liegt es bloß wieder?

Bis es unter einem Haufen zerknülltem Papier gefunden wird, ist das Klingeln verstummt.

Nur gut, dass im Display die Nummer und der Name des Anrufers zu finden sind. So kann schnell zurückgerufen werden, denn es könnte ja etwas Wichtiges sein.

Leider spielt das Handy nicht mit. Es kann einfach keine Verbindung aufbauen. Nach einigen Versuchen kommt die Erkenntnis: Der Anschluss ist für ausgehende Anrufe gesperrt. Der Grund ist eine nicht bezahlte Rechnung, die einfach vergessen worden ist.

Kann ja mal passieren, werden viele sagen. Schließlich trägt die Folgen dieser Vergesslichkeit der Handybesitzer selbst.

Doch dann klingelt das Handy erneut, denn eingehende Anrufe sind noch möglich.

Der Anruf kommt von der Zahnarztpraxis. Die Arzthelferin am anderen Ende der Leitung erkundigt sich, warum der vereinbarte Termin nicht wahrgenommen wurde 2 .

Jetzt ändert sich die Lage. Obwohl die Praxis Termine mit einem Bestellsystem ordnet und vergibt, muss sie die Folgen der Unorganisiertheit ihres Patienten tragen.

Solche oder ähnliche Erlebnisse führen zu der Frage:

Wie lässt sich das zukünftig vermeiden?

Die Antwort kann nur heißen:
Privatleben und berufliche Arbeit müssen geplant und organisiert werden.

Einen Betrieb organisieren

3 Privater Terminkalender

AUFGABE

1. Organisieren Sie einen Tag in Ihrem Leben. Legen Sie die Zuständigkeit der beteiligten Personen fest, beachten Sie die zeitliche Planung und achten Sie auf die richtige Reihenfolge. Schreiben Sie alles in einen Planungskalender oder auf ein Blatt Papier.

2. Nennen Sie mindestens drei Hilfsmittel zur Terminplanung und Terminverwaltung.

3. Welche Vor- und Nachteile haben die Hilfsmittel aus 2. jeweils?

Planen und Organisieren

Sowohl im täglichen Leben als auch im Beruf sollten anstehende Aufgaben geplant und organisiert werden.

Die Einhaltung von Terminen ist wichtig.

Zur Überwachung der Termine gibt es deshalb Hilfsmittel: Neben einem einfachen Zettel oder Terminkalendern **3** bieten sich auch Computerprogramme wie Outlook oder das Handy an.

In den meisten Betrieben arbeiten viele Menschen zusammen. Damit dort kein Chaos entsteht, muss jeder Mitarbeiter seine Ziele und Aufgaben kennen.

Für die Festlegung der Ziele und Aufgaben benötigt der Betrieb Regeln. Diese werden auch **Organisation** genannt.

> **Organisieren ist das Festlegen von**
> - **Aufgaben und Zuständigkeiten sowie**
> - **Terminen und Reihenfolgen.**

Beispiele für die Organisation im Betrieb:

- Personen werden Abteilungen zugeordnet. Die Aufgaben der Mitarbeiter werden schriftlich festgehalten.

- Der Postverkehr (Schriftgutverwaltung) wird getrennt in Posteingang und Postausgang.

- Die Registratur sorgt durch eine geordnete Ablage dafür, dass jeder Mitarbeiter Dokumente wiederfindet.

- Die Vorräte, Abgänge und Zugänge von Waren werden im Lager erfasst. So kann Ware pünktlich neu bestellt werden.

- Der Einkauf holt Angebote von Lieferanten ein, der Verkauf gibt Angebote an Kunden ab.

Planen und Organisieren sind Bestandteile des **Wirtschaftens**.

> **Wirtschaften bedeutet, mit vorhandenen Mitteln planvoll umzugehen.**

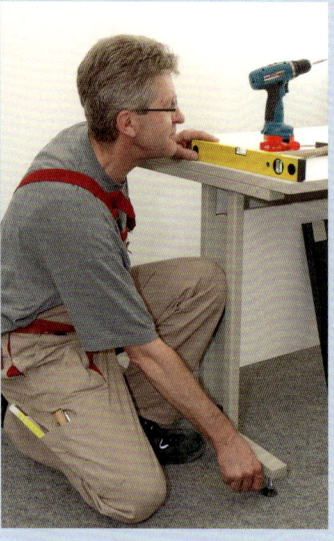
1 Was ist zu tun?

2 Wer ist zuständig?

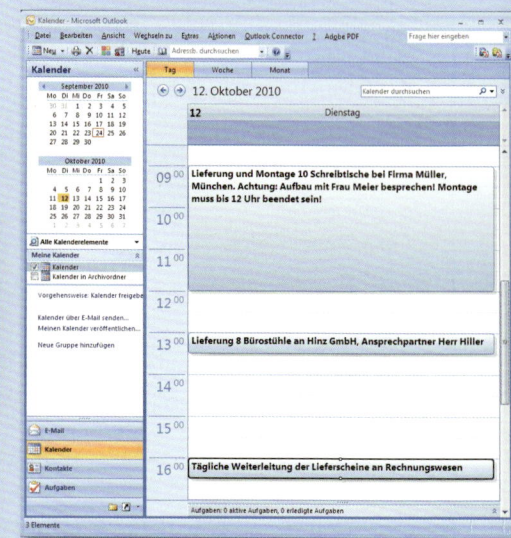
3 Wann ist etwas zu tun?

Organisation gestalten

Der Kunde eines Büromöbelherstellers ist verärgert. Seine bestellten Schreibtische wurden nicht zum fest vereinbarten Termin geliefert und aufgebaut.

Die Lieferung ist nicht erfolgt, weil die Verkaufsabteilung dem Lager keinen Liefertermin mitgeteilt hat. So hat das Lager den Auftrag erst später eingeplant.

Wie kann das zukünftig besser organisiert werden?

Unklar war,

- was zu tun war,
- wer es tun sollte und
- wann es getan werden musste.

Nur durch gezielte **Organisationsgestaltung** können zukünftig solche Pannen vermieden werden (Tab. 1).

Tab. 1: Organisationsgestaltung am Beispiel Schreibtisch-Lieferung	
Problemfeld	**Aufgaben**
Was ist zu tun? **1**	• Schreibtische ausliefern und beim Kunden aufbauen.
Wer ist zuständig? **2**	• Versand- und Serviceabteilung plant Termine, liefert und baut auf. • Informationen austauschen zwischen den Abteilungen Verkauf/Versand, Service und Rechnungswesen.
Wann ist etwas zu tun? **3**	• Termin und Auftragsbestätigung sofort prüfen. • Zu einem bestimmten Termin ab Lager ausliefern. • Zu einem bestimmten Termin beim Kunden aufbauen.

Einen Betrieb organisieren

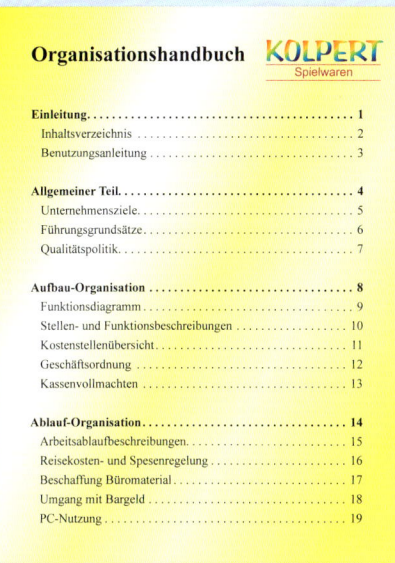

4 Organisationshandbuch

AUFGABE

1. Gibt es auch in einem gut organisierten Betrieb Improvisation? Begründen Sie Ihre Meinung und nennen Sie Beispiele.

2. Entscheiden Sie, ob es sich um eine organisatorische Regelung handelt. Begründen Sie Ihre Antwort.
a) Einkauf von Rohstoffen
b) Ausfall eines Mitarbeiters wegen eines schweren Unfalls
c) Bearbeiten von Reklamationen
d) Vertretung bei Urlaub
e) Zuständigkeit für die Lohn- und Gehaltsabrechnung
f) Zuständigkeit für einen außergewöhnlichen Sonderauftrag

Organisieren und Improvisieren

Für gleichartige und immer wieder anfallende Aufgaben, wie Postbearbeitung oder Lagerhaltung, sollten Regelungen geschaffen werden.

Die Regelungen haben Vorteile für das Unternehmen und die Mitarbeiter, wie:

- Die Mitarbeiter wissen, was zu tun ist.
- Diskussionen um Zuständigkeiten treten nicht auf.
- Verzögerungen werden vermieden.

Selbstverständlich müssen die festgelegten Regelungen den Mitarbeitern bekannt sein.

Deshalb werden sie z. B. in einem **Organisationshandbuch** festgehalten 4 . Dieses kann in Papierform oder elektronisch vorliegen und steht allen Mitarbeitern zur Verfügung.

Wie viel Organisation notwendig ist, hängt vom Betrieb ab. Sinnvoll ist so viel Organisation wie nötig und so wenig wie möglich.

Nicht alle Abläufe eines Betriebes können im Voraus organisiert werden. Es ist möglich, dass eine Lieferung aus Gründen wie Unwetter, Maschinenausfall oder Streik nicht wie geplant erfolgen kann.

Der Vorgang verläuft dann außerplanmäßig. Auch hier muss eine Entscheidung zum weiteren Vorgehen getroffen werden.

Fehlt in einer Abteilung durch Lieferschwierigkeiten z. B. Büromaterial, dann muss der Abteilungsverantwortliche entscheiden, ob:

- ein anderer Lieferant beauftragt,
- ein Fachgeschäft aufgesucht oder
- einfach abgewartet wird.

Bei solchen kurzfristigen, schnellen und selten vorkommenden Entscheidungen ist **Improvisation** gefragt.

> Organisation legt die Durchführung gleichartiger Aufgaben fest. Improvisation geschieht bei außerplanmäßigen Ereignissen.

Einen Betrieb organisieren

1 Beispiel einer Stellenbeschreibung

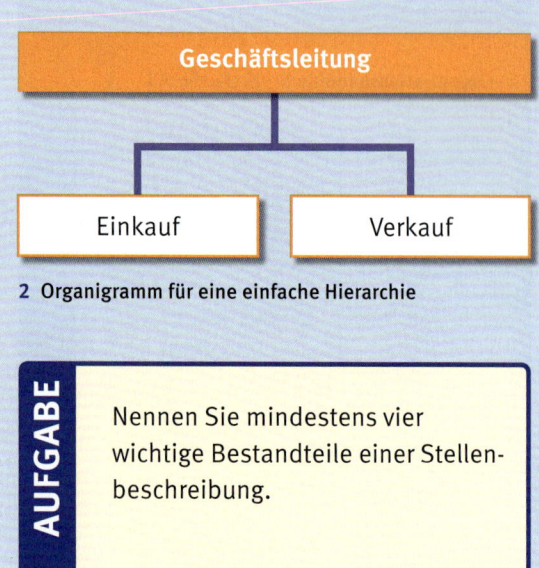

2 Organigramm für eine einfache Hierarchie

AUFGABE
Nennen Sie mindestens vier wichtige Bestandteile einer Stellenbeschreibung.

Aufbauorganisation eines Betriebes

Viele Aufgaben im Betrieb können in Teilaufgaben zerlegt werden, so z. B. der Verkauf eines PC-Systems:

1. Liefertermin ermitteln, Auftrag bestätigen.
2. Teile, die nicht im Lager sind, bestellen.
3. System zusammensetzen und ausliefern.
4. Rechnung schreiben und Zahlung prüfen.

Jede dieser oben genannten Teilaufgaben kann durch einen anderen Mitarbeiter ausgeführt werden.

Durch eine gut organisierte Zusammenarbeit aller Beteiligten wird der Verkauf so ausgeführt, dass der Kunde zufrieden ist.

Mehrere Aufgaben werden zu einer **Stelle** zusammengefasst. Ein Mitarbeiter füllt im Betrieb eine Stelle aus.

▌ **Eine Stelle ist die kleinste organisatorische Einheit im Betrieb.**

Eine **Stellenbeschreibung** beschreibt die Aufgaben einer Stelle. Sie enthält auch die Anforderungen an den Stelleninhaber, z. B. die notwendige Ausbildung 1 . Die Stellenbeschreibung sollte von Mitarbeiter und Vorgesetztem unterzeichnet werden.

Die Stellen werden nach ihrer Tätigkeit verschiedenen **Abteilungen** zugeordnet (Tab. 1).

Tab. 1: Aufgabenzuordnung beim PC-Verkauf

Aufgabe	Abteilung
Auftragsbestätigung und Rechnung schreiben	Verkauf
Teile bestellen, Liefertermin ermitteln	Einkauf
System zusammenbauen und ausliefern	Service
Zahlung überwachen	Rechnungswesen

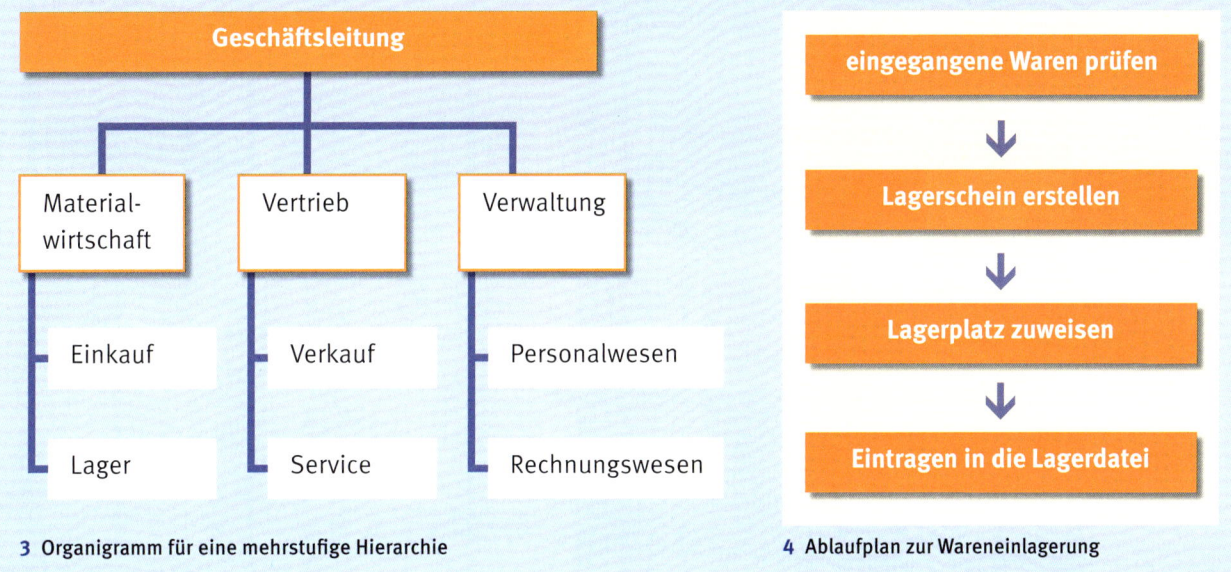

3 Organigramm für eine mehrstufige Hierarchie

4 Ablaufplan zur Wareneinlagerung

Entscheidungen treffen

Um die Funktion eines Betriebes aufrechtzuerhalten, müssen ständig Entscheidungen getroffen werden.

Wer diese treffen darf, wird in den Entscheidungs- und Weisungsbefugnissen festgelegt.

Die **Entscheidungsbefugnis** legt fest, was getan werden darf. Welche Produkte gefertigt werden oder welcher Lieferant beauftragt wird, sind z. B. solche Entscheidungen.

Die **Weisungsbefugnis** regelt, wer wem Anweisungen geben darf. Der Geschäftsführer darf z. B. Anweisungen an die Abteilungen geben. Der Abteilungsleiter verteilt z. B. die Arbeiten innerhalb der Abteilungen.

Wer welche Weisungsbefugnisse hat, erkennt man in der **Hierarchie** des Unternehmens.

> **Eine Hierarchie ist die organisatorische Rangordnung.**

Organisationsplan und Ablaufplan

Die Hierarchie-Ebenen eines Unternehmens können in einem **Organigramm** (Organisationsplan) übersichtlich dargestellt werden. Gleichrangige Abteilungen befinden sich dabei immer auf einer Ebene.

Kleinere Betriebe haben oft eine **einfache Hierarchie** 2 .

In größeren Unternehmen gibt es mehr Ebenen als in kleinen Betrieben. Deshalb gibt es dort oft eine **mehrstufige Hierarchie** 3 .

Viele Vorgänge, wie Wareneinlagerung oder Lohnabrechnung, laufen in einem Betrieb immer gleich ab. Sie werden deshalb in **Ablaufplänen** festgehalten 4 .

Ablaufpläne gewährleisten eine reibungslose, zügige Aufgabenerfüllung im Betrieb. Sie können nicht nur innerhalb einer Abteilung bestehen, sondern auch Arbeitsabläufe zwischen mehreren Abteilungen regeln.

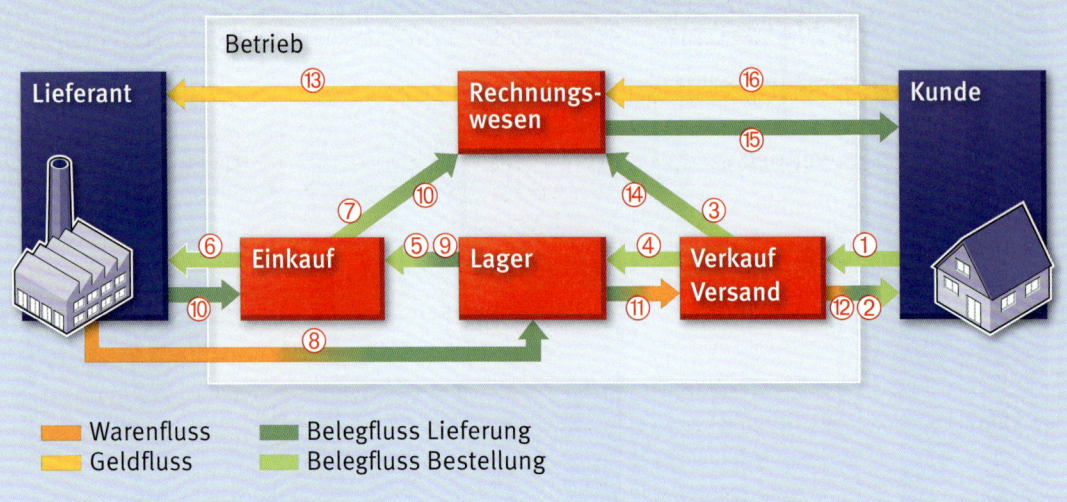

1 Durchlauf eines Auftrags im Betrieb

Ein Auftrag durchläuft den Betrieb

Wenn ein Kunde z. B. ein Computer-System bestellt, beginnt ein **betrieblicher Auftrag** 1.

Viele Abteilungen müssen zusammenarbeiten, und die anfallenden Aufgaben sind

- in der richtigen Reihenfolge und
- miteinander abgestimmt

zu erfüllen (Tab. 1).

Häufig erfolgt nicht nur eine Lieferung des Computersystems. In einigen Fällen wird das System vor Ort montiert und installiert.

Montage und Installation sind Kundenservice. Ein Servicetechniker führt die notwendigen Arbeiten aus. Der Kunde kann sofort mit dem neuen System arbeiten.

Auch mit der Installation und der Bezahlung durch den Kunden ist der Auftrag noch nicht ganz abgeschlossen.

Wenn etwas nicht funktioniert, hat der Betrieb eine rechtliche Gewährleistungspflicht. Das bedeutet, dass er vorhandene Fehler beheben muss.

Darüber hinaus sollte der Kunde auch nach Abschluss des Geschäfts weiter betreut werden.

Durch solche Serviceleistungen kann der Kunde an das Unternehmen gebunden werden. Zufriedene Kunden kommen wieder.

AUFGABE

1. Welche Abteilung erfüllt die folgenden Aufgaben?

a) Schreiben einer Auftragsbestätigung

b) Bestellung beim Lieferanten

c) Auslieferung an den Kunden

2. Welche Aufgaben hat das Rechnungswesen? Nennen Sie mindestens drei.

Tab. 1: Durchlauf eines Auftrags im Betrieb

Vorgang	zuständige Abteilung/en
Ein Kunde bestellt ein Computer-System ①. Anschließend wird vom Verkauf eine Auftragsbestätigung verfasst ②.	Verkauf
Das Rechnungswesen wird über die Bestellung des Kunden informiert und erfasst den Kundenauftrag wertmäßig (Verkaufspreis) ③.	Verkauf, Rechnungswesen
Das Lager wird über die Bestellung informiert und prüft, ob alle Teile vorrätig sind ④.	Verkauf, Lager
Das Lager gibt an den Einkauf weiter, welche Teile fehlen ⑤.	Lager, Einkauf
Fehlende Teile werden beim Lieferanten nachbestellt ⑥.	Einkauf
Das Rechnungswesen wird informiert und erfasst den Lieferantenauftrag wertmäßig (Einkaufspreis) ⑦.	Einkauf, Rechnungswesen
Der Lieferant liefert die fehlenden Teile mit Lieferschein an das Lager ⑧. Das Lager informiert den Einkauf über den Wareneingang ⑨.	Lager, Einkauf
Der Einkauf erhält die Lieferantenrechnung und gibt sie an das Rechnungswesen weiter ⑩.	Einkauf, Rechnungswesen
Die Ware wird für den Kundenauftrag zusammengestellt und der Versand informiert ⑪.	Lager, Versand
Das Computer-System wird über den Versand mit Lieferschein an den Kunden ausgeliefert ⑫.	Versand
Das Rechnungswesen überweist den Einkaufspreis an den Lieferanten ⑬.	Rechnungswesen
Der Verkauf informiert das Rechnungswesen über die Auslieferung der Ware an den Kunden ⑭.	Verkauf, Rechnungswesen
Nun kann eine Rechnung an den Kunden gestellt werden ⑮.	Rechnungswesen
Der Zahlungseingang des Kunden wird überwacht ⑯.	Rechnungswesen

Einen Betrieb organisieren

1 Posteingang in einer Poststelle

Posteingang bearbeiten

Ein großer Betrieb bekommt täglich viele Postsendungen. Daher gibt es eine **Poststelle** 1, die sich um alle Abläufe kümmert (Tab. 1).

AUFGABE

Überlegen Sie, warum Post an die Personalabteilung in der Poststelle nicht geöffnet werden darf.

Begründen Sie Ihre Antwort.

Tab. 1: Ablauf Posteingang

Nr.	Arbeitsvorgang	Beschreibung
1	Post in Empfang nehmen	Übernehmen vom Postboten oder aus Postfach
2	Registrieren der Sendungen	Eintragen im Posteingangsbuch
3	Aussortieren der nicht zu öffnenden Post	Post an Geschäftsleitung, Personalabteilung und Privatbriefe
4	Öffnen der restlichen Post	Prüfen auf Vollständigkeit
5	Scannen der Eingangspost	Aufbereiten für schnellen digitalen Zugriff
6	Eingangsstempel anbringen	Stempeln auf der ersten Seite
7	Sendungen sortieren	Trennen nach Empfänger
8	Post verteilen	Weiterleiten an Empfänger

Einen Betrieb organisieren

2 Postausgang in einer Poststelle

Postausgang bearbeiten

Auch der **Postausgang** wird in der Poststelle bearbeitet 2 . Dazu wird die ausgehende Post eingesammelt und versandfertig gemacht (Tab. 2).

AUFGABE

1. Welche Adressangaben muss eine Briefadresse innerhalb Deutschlands haben?

2. Nennen Sie drei Frankiermöglichkeiten für Briefe.

Tab. 2: Ablauf Postausgang

Nr.	Arbeitsvorgang	Beschreibung
1	Post einsammeln	Post holen oder Post wird gebracht
2	Post vorsortieren	Briefe, Päckchen, Paket, sonstige Sendung
3	Adressangaben kontrollieren	Name, Straße und Hausnummer oder Postfach, Postleitzahl und Ort
4	Briefe falten und kuvertieren	Briefe falten und in Briefhüllen einlegen
5	Briefe wiegen	Einsetzen von Brief- oder Portowaage
6	Briefart bestimmen	Ermitteln von Abmessung und Gewicht
7	Portoentgelt ermitteln	Berechnen nach Sendungsarten
8	Brief frankieren	Briefmarken, Frankiermaschine oder Internet
9	Versenden	Abgabe beim ausgewählten Anbieter

Einen Betrieb organisieren

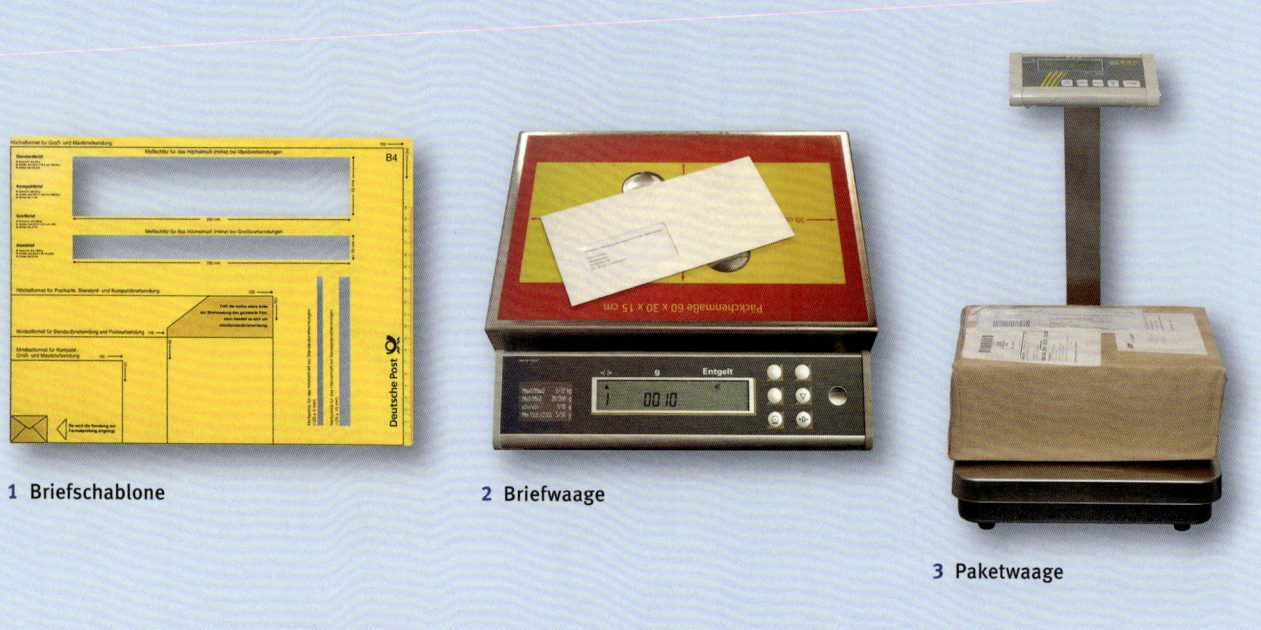

1 Briefschablone
2 Briefwaage
3 Paketwaage

Ausgangspost vorsortieren

Zuerst wird die **Ausgangspost** nach Sendungsart, Größe und Gewicht sortiert. Einer von mehreren Anbietern für den **Brief-** und **Paketversand** ist die Deutsche Post (Tab. 1).

Tab. 1: Brief- und Paketversand in Deutschland		
Sendungsart	Größe bis	Gewicht bis
Standardbrief	235 x 125 x 5 mm	20 g
Kompaktbrief	235 x 125 x 10 mm	50 g
Großbrief	353 x 250 x 20 mm	500 g
Maxibrief	353 x 250 x 50 mm	1000 g
Päckchen	60 x 30 x 15 cm	2 kg
Paket	120 x 60 x 60 cm	31,5 kg

Als Hilfsmittel zur Bestimmung der Größe von Briefen kann eine Briefschablone **1** genutzt werden. Anschließend wird das Gewicht des Briefes mit einer Briefwaage **2** ermittelt. Daraus ergibt sich dann der Portopreis, der von Anbieter zu Anbieter verschieden sein kann.

Der Brief kann aber auch mit einer Portowaage gewogen werden. Dann wird der vorher eingestellte Portopreis eines Anbieters sofort angezeigt.

Für Paketsendungen wird zuerst die Größe durch Messen ermittelt. Anschließend wird das Paket auf einer Paketwaage **3** gewogen. Anhand von Größe und Gewicht wird der Portopreis des jeweiligen Anbieters ermittelt.

AUFGABE
Ermitteln Sie mithilfe der Internetseite der Deutschen Post die Preise für Kompakt- und Großbrief sowie für Päckchen.

Einen Betrieb organisieren

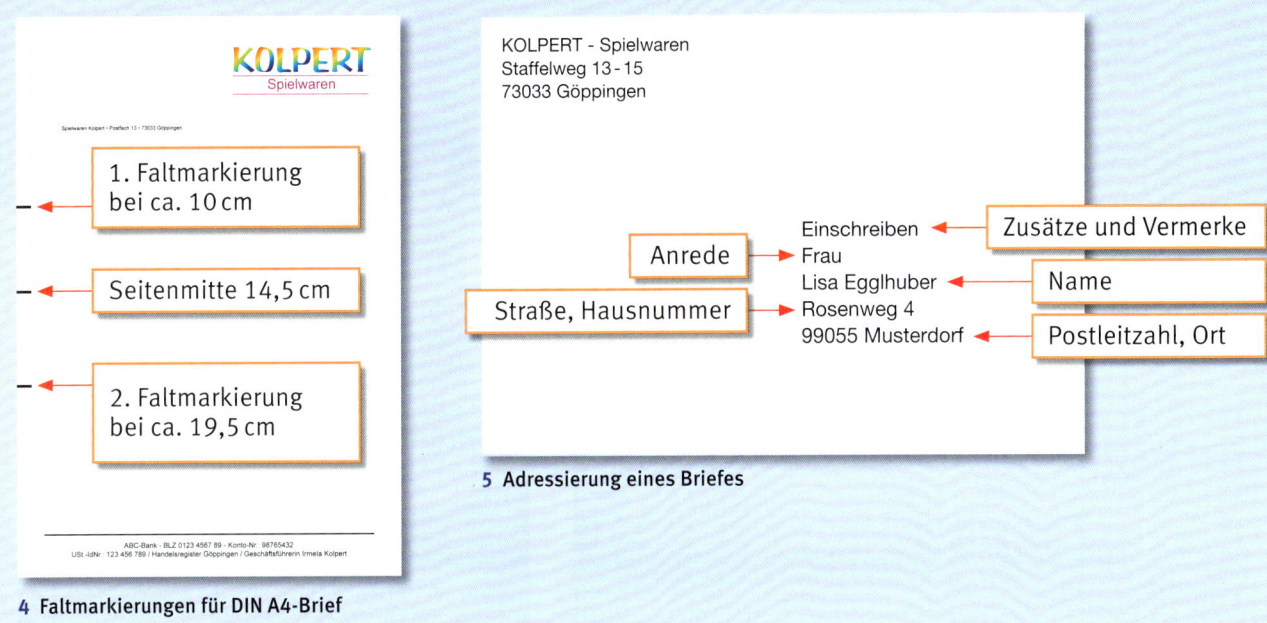

4 Faltmarkierungen für DIN A4-Brief

5 Adressierung eines Briefes

Briefe falten, kuvertieren und frankieren

Briefe können gefaltet oder ungefaltet versendet werden. Das Umschlagformat muss dabei etwas größer als das Briefformat sein (Tab. 2).

Tab. 2: Brief- und Umschlagformate (Auswahl)			
Briefformat nach DIN (in cm)		**Umschläge nach DIN (in cm)**	
A0	84,1 x 118,9	C0	91,7 x 129,7
A1	59,5 x 84,1	C1	64,8 x 91,7
A2	42,0 x 59,4	C2	45,8 x 64,8
A3	29,7 x 42,0	C3	32,4 x 45,8
A4	21,0 x 29,7	C4	22,9 x 32,4
A5	14,8 x 21,0	C5	16,2 x 22,9
A6	10,5 x 14,8	C6	11,4 x 16,2
		DL	11,0 x 22,0

Einen Brief in einen Umschlag zu stecken nennt man **Kuvertieren**.

Wenn ein Brief mit einem kleineren Umschlag verschickt werden soll, muss er vorher korrekt gefaltet werden. Dazu gibt es oft Faltmarkierungen, die das korrekte **Falten** erleichtern 4.

Alle Adressatenangaben müssen an der richtigen Stelle vorhanden sein 5, wie:

- Zusätze und Vermerke,
- Name,
- Straße mit Hausnummer (oder Postfach),
- Postleitzahl und Ort.

Den Brief mit dem ermittelten Porto zu versehen heißt **Frankieren**.

AUFGABE

Falten Sie ein DIN A4-Blatt fachgerecht so, dass es in eine Briefhülle DIN DL passt. Versehen Sie anschließend den Briefumschlag mit einer Adresse Ihrer Wahl.

1 Liegende Ablage für loses Schriftgut

2 Hängende Ablage für Einzelakten

3 Stehende Ablage für umfangreiche Akten

Dokumente und Daten ablegen

Die Ablage von Dokumenten und Informationen wird **Registratur** genannt. Sie ist für jeden Betrieb unverzichtbar, denn sie sichert den geordneten Zugriff auf wichtige Unterlagen.

Selbstverständlich gilt das auch für den privaten Haushalt. Denn auch dort sind wichtige Dokumente, wie Rechnungen und Verträge, geordnet und sicher aufzubewahren.

Eine gute Ablage hilft Fristen und Termine einzuhalten. Dadurch vermeidet man Folgekosten, z. B. Mahngebühren.

Mit einer durchdachten Registratur gelingt die Suche nach wichtigen Unterlagen jederzeit problemlos. Je nach Erfordernis erfolgt die Ablage am Arbeitsplatz, in der Abteilung oder in einem Zentralarchiv für die gesamte Firma oder Behörde.

> **Registratur ist die geordnete Ablage von Dokumenten und Daten.**

Nach der Art der Ablage werden verschiedene **Ablagesysteme** (Tab. 1) unterschieden.

Tab. 1: Ablagesysteme

Art der Ablage	Unterscheidung
numerisch	nach Zahlen
chronologisch	nach Datum
alphabetisch	nach dem Alphabet
alphanumerisch	nach Buchstaben und Zahlen

Es können Einzelakten oder lose Blätter abgelegt werden. Deshalb gibt es verschiedene **Ablageformen**:

- liegende 1,
- hängende 2 und
- stehende 3.

Liegende und stehende Ablagen benötigen mehr Platz als hängende.

Einen Betrieb organisieren

4 Wiedervorlagesystem

AUFGABE

Ermitteln Sie für die angegebenen Speichermedien je eine mögliche Verwendung und Speicherkapazität.

a) CD

b) DVD

c) externe Festplatte

d) USB-Stick

e) Online-Speicherung

Tragen Sie Ihre Antworten in eine Tabelle ein.

Dokumente verwalten

Dokumente werden zu unterschiedlichen Zeitpunkten gebraucht.

Ein **Wiedervorlagesystem** dient der Erinnerung und stellt Dokumente tagesgenau zur Bearbeitung bereit 4 .

Wie lange Dokumente aufbewahrt werden müssen, regeln gesetzliche Vorschriften. Sie legen die **Aufbewahrungsfristen** fest (Tab. 2).

In vielen Betrieben werden Papierunterlagen gescannt und anschließend digital gespeichert.

Moderne Betriebe benutzen verschiedene **Speichermedien** (Tab. 3).

Tab. 2: Aufbewahrungsfristen (Auswahl)

Unterlage	Aufbewahrungsfrist
Angebote	6 Jahre
Mahnungen	6 Jahre
Kontoauszüge	10 Jahre
Rechnungen	10 Jahre

Tab. 3: Speichermedien (Auswahl)

Medium	Verwendung
Papier	für Schriftverkehr
USB-Stick	Datentransport von einem PC zu einem anderen
Speicherkarte	Datenspeicher in mobilen Geräten
CD, DVD, externe Festplatte	längerfristige Datenspeicherung
Intranet	zentrale elektronische Ablage innerhalb des Unternehmens
Online-Speicherung	Ablage auf dem Server eines Anbieters

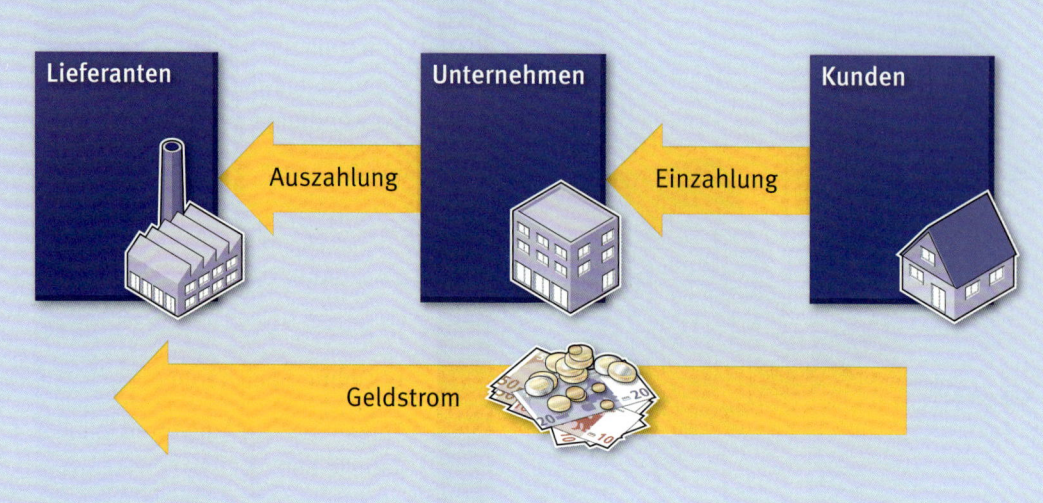

1 Zahlungseingang und Zahlungsausgang

Zahlungen durchführen

Damit ein Betrieb arbeiten kann, müssen:

- Material, Maschinen, Energie eingekauft,
- Mitarbeiter eingestellt und
- Gebäude angemietet oder gekauft werden.

Die erstellten Produkte oder Dienstleistungen eines Betriebes werden an Kunden verkauft. Der Betrieb erhält dafür Geld.

Einkaufen und Verkaufen führen zu einer Vielzahl von Zahlungseingängen und Zahlungsausgängen 1 .

Ein Betrieb erhält für einen Einkauf eine Rechnung. Diese Eingangsrechnung muss er bezahlen und als **Zahlungsausgang** erfassen.

Für die verkauften Produkte und Dienstleistungen schreibt der Betrieb Rechnungen an die jeweiligen Kunden. Bezahlen die Kunden diese Ausgangsrechnungen des Betriebes, werden sie im Betrieb als **Zahlungseingänge** erfasst.

Bar und halbbar zahlen

Barzahlungen erfolgen meistens nur bei kleineren Beträgen. Im betrieblichen Geschäftsablauf sind Barzahlungen eher selten.

Bei **halbbaren Zahlungen** benutzt nur einer der beiden Geschäftspartner ein Konto. Es gibt drei Arten der halbbaren Zahlung:

- mit Barscheck:
  Der Käufer bezahlt mit Barscheck, seine Bank bucht den Betrag von seinem Konto ab. Der Verkäufer reicht den Scheck bei seiner Bank ein und erhält Bargeld.
- mit Zahlschein:
  Der Käufer zahlt mit dem Zahlschein Bargeld ein, das dem Konto des Verkäufers gutgeschrieben wird.
- per Nachnahme:
  Der Käufer bekommt seine Ware, wenn er sie in bar an den Boten bezahlt hat. Dieser überweist das Geld an den Versender. Zusätzlich ist eine Nachnahmegebühr zu zahlen.

Einen Betrieb organisieren

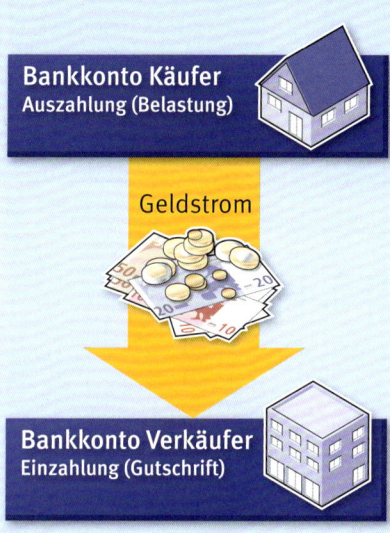

2 Bargeldlose Zahlung

AUFGABE

1. Geben Sie jeweils an, ob es sich um einen Zahlungseingang oder Zahlungsausgang handelt. Begründen Sie Ihre Entscheidung.
a) Einkauf von Büromöbeln
b) Verkauf von eigenen Produkten
c) Zahlung eines Kunden
d) Lohnzahlung an Mitarbeiter

2. Brauchen Betriebe für die angegebenen Anlässe Bargeld?
Begründen Sie Ihre Aussage.
a) Lohnzahlung
b) Bezahlung des Postboten

3. Nennen Sie jeweils zwei Beispiele für die angegebenen Zahlungsarten.
a) bare Zahlung
b) halbbare Zahlung
c) bargeldlose Zahlung

Bargeldlos zahlen

Die meisten betrieblichen Leistungen werden bargeldlos bezahlt. Hierzu benötigen beide Geschäftspartner ein Bankkonto.

Die **bargeldlose Zahlung** erfolgt vom Konto des Käufers auf das Konto des Verkäufers. Auf dem Konto des Verkäufers wird die Zahlung als Gutschrift erfasst, auf dem Konto des Käufers als Belastung 2 .

Bargeldlose Zahlungen können z. B. erfolgen durch:

- Überweisung,
- Dauerauftrag,
- Einzugsermächtigung.

Der bargeldlose Zahlungsverkehr hat Vorteile gegenüber anderen Zahlungsarten. Die wichtigsten Vorteile sind:

- Sicherheit vor Bargeldverlust,
- schnelle und bequeme Zahlung,
- er ist online durchführbar.

Belege als Dokumente

Alle Zahlungseingänge und Zahlungsausgänge müssen erfasst werden. Diese Aufgabe übernimmt das Rechnungswesen.

Hier werden alle **Zahlungsbelege** (Tab. 1) auf Richtigkeit und Vollständigkeit geprüft. Diese Buchungsbelege werden gesammelt und aufbewahrt.
Anschließend werden die gesamten Belege sicher abgelegt.

Tab. 1: Zahlungsbelege (Auswahl)	
Zahlungsart	**mögliche Belege**
bar	Quittung, Kassenzettel
halbbar	Zahlschein
bargeldlos	Kontoauszug, Überweisungsträger

Einen Betrieb organisieren

Kassenbuch Monat Mai		Datum 04.05.20..		Seite: 2
			Übertrag/Anfangsbestand	1.025,95 € ⑤
Datum ①	Beleg-Nr. ②	Text ③	Einnahme (€) ④	Ausgabe (€) ④
04.05.	05-A-1	Schreibwaren 10 Füllfederhalter		99,50
04.05.	05-E-2	Barverkauf 2x20L-Buntfarbkübel	49,90	
06.05.	05-E-3	Rückzahlung Reisekostenvorschuss H. Bär	344,95	
09.05.	05-A-4	Briefmarkenkauf		100,00
10.05.	05-A-5	Blumen Rösel; Geburtstagsstrauß		30,00
11.05.	05-E-6	Private Telefongespräche April	67,05	
13.05.	05-E-7	Verkauf Marken Kaffeeautomat	195,65	
15.05.	05-A-8	Gehaltsvorschuss Fr. Hagen		300,00
16.05.	05-A-9	Volltanken Firmenwagen		76,84
		Summen	657,55	606,34
		plus Anfangsbestand	1.025,95 €	
		minus Ausgaben	– 606,34	
		Endbestand (Saldo)	= 1.077,16	⑥

1 Kassenbuch

Kassenbuch führen

Das **Kassenbuch** gibt Auskunft über alle im Betrieb mit Bargeld durchgeführten Zahlungen. In ihm werden alle Bareinzahlungen und Barauszahlungen erfasst und dokumentiert **1** :

- Alle Zahlungsvorgänge werden zunächst mit Datumseintrag in der zeitlichen Reihenfolge festgehalten ①.

- Jeder Vorgang wird mit einem Beleg dokumentiert. Der Beleg erhält eine eindeutige Belegnummer ②.

- In der Textspalte soll eine passende Kurzformulierung Informationen geben ③.

- In jeweils eigenen Spalten werden Zahlungseingänge und Zahlungsausgänge getrennt erfasst ④.

- Der Anfangsbestand ⑤ ist die Geldsumme, die sich bei der Eröffnung des Kassenbuchs in der Kasse befindet.

- Bei einem monatlichen Kassenbuch ist der Anfangsbestand der Betrag am Monatsanfang.

- Bei einem täglichen Kassenbuch ist der Anfangsbestand der Betrag am Tagesanfang.

- Der Endbestand (Saldo) ⑥ gibt an, wie viel Geld sich in der Kasse befindet. Er wird berechnet, indem die Ausgaben von den Einnahmen abgezogen werden.

- Der Endbestand (Saldo) eines Monats oder eines Tages ist gleichzeitig der Übertrag. Der Übertrag ist der Anfangsbestand eines nächsten monatlichen oder täglichen Kassenbuchs.

Einen Betrieb organisieren

AUFGABE

Ein Jugendlicher erhält monatlich 621 € Ausbildungsvergütung. Anfang Februar hat er noch 23,52 € an Bargeld. Für sein Zimmer zahlt er am ersten des Monats 310 € Miete im Monat, zusätzlich für Strom 23 €. Seine Handy-Flatrate von 15 € wird am 10.02. abgebucht, der monatliche Großeinkauf am 15.02. kostet 123,99 €. Frische Lebensmittel kauft er am 01.02. für 5,10 €, am 11.02. für 3,98 € und am 25.02. für 6,25 €. Am 20.02. schenkt ihm seine Oma 50 €, davon soll er sich ein neues Hemd kaufen und darf den Rest behalten. Das Hemd kauft er am 21.02. für 29,95 €. Das Kino am 27.02. kostet 6,50 €.

Erstellen Sie ein privates Kassenbuch des Jugendlichen für den Monat Februar nach dem Muster des betrieblichen Kassenbuchs **1** und berechnen Sie den Saldo.

ZUSAMMENFASSUNG

Organisation heißen die Regelungen, nach denen ein Betrieb seine Ziele verfolgt und Aufträge bearbeitet.

Was ist zu tun?   Wer ist zuständig?   Wann ist etwas zu tun?

Die Aufbauorganisation zeigt die organisatorische Rangordnung (Hierarchie).

Stellen
Abteilungen

Die Ablauforganisation legt das Vorgehen bei wiederkehrenden Aufgaben fest.

Ablaufpläne

In vielen Betrieben ähnlich organisiert sind:

Postbearbeitung
- Eingangspost sortieren und verteilen
- Ausgangspost sortieren, kuvertieren, frankieren

Ablagetätigkeiten
- Ablagesysteme: stehend, liegend, hängend
- Speichermedien
- Aufbewahrungsfristen

Zahlungsverkehr
- Eingang
- Ausgang
- Zahlungsarten: bar, halbbar, bargeldlos
- Belege
- Kassenbuch

75

1 Lebensmittel einkaufen

2 Motorrollerkauf

3.2 Einkaufen

Fast jeder Mensch hat schon eingekauft, denn im täglichen Leben müssen häufig Dinge wie Lebensmittel beschafft werden 1 .

Selbst beim Gang zum Friseur handelt es sich um einen Einkauf, denn nicht nur Waren, sondern auch Dienstleistungen kann man erwerben.

Seltener sind Anschaffungen wie Möbel für die Wohnung, der Kauf eines Computers oder eines Motorrollers 2 .

Während beim Kauf einer Tageszeitung kaum jemand lange überlegen wird, müssen größere Anschaffungen gut geplant sein. Schließlich handelt es sich hierbei um Dinge, die mit hohen Kosten verbunden sein können.

Ob man sich die Anschaffung leisten kann und welche vergleichbaren Angebote bei anderen Anbietern vorliegen, sollte vorher geklärt sein.

Auch Unternehmen müssen einkaufen. Denn um Waren oder Dienstleistungen zu verkaufen, müssen sie vorher beschafft werden.

Es gibt Unternehmen, z. B. Obsthändler, die etwas einkaufen und anschließend mit einem Gewinn wieder verkaufen. Sie handeln also mit den eingekauften Waren.

Andere Unternehmen, z. B. Möbelhersteller, stellen aus eingekauften Materialien neue Dinge her, die dann verkauft werden. Sie produzieren also Waren für den Verkauf.

Beim Einkauf von Rohstoffen und Waren werden ständig die Preise, die Qualität und die Zuverlässigkeit der Lieferanten überprüft und verglichen. Nur das sichert einen kostenbewussten Einkauf bei guter Qualität.

Das Einkaufen verursacht Kosten. Je niedriger die Kosten sind, desto größer kann der Gewinn sein. Der Gewinn ist aber die unbedingte Voraussetzung, um z. B. Arbeitsplätze zu erhalten oder neue zu schaffen.

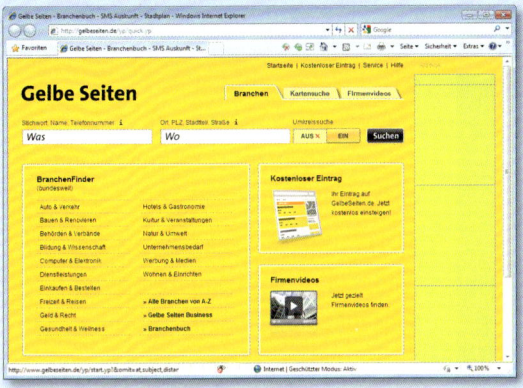
3 Branchenbuch „Gelbe Seiten"

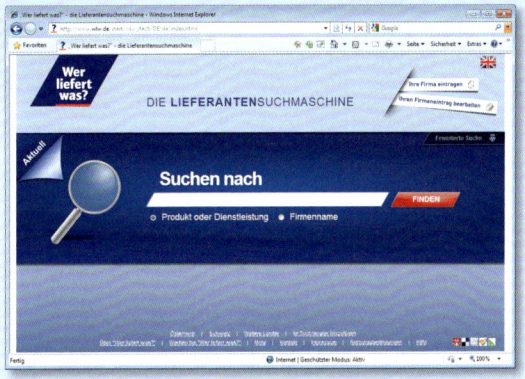
4 Lieferantensuchmaschine „Wer liefert was?"

Lieferanten finden

Um einen Einkauf durchzuführen, muss vorher ermittelt werden, wo man die gewünschte Ware kaufen kann.

Für Waren, die häufig beschafft werden müssen, z. B. Büromaterial, sind diese Einkaufsmöglichkeiten meistens bekannt.

Sie werden in einer **Lieferantenkartei** gesammelt. Diese enthält alle wichtigen Informationen, wie:

- Lieferantenadressen,
- Warenbezeichnungen,
- Preise, …

Oft werden diese Lieferanteninformationen in einer Datenbank gespeichert. So können sie jederzeit problemlos aktualisiert werden.

Für Waren, die nur selten eingekauft werden, z. B. neue Büromöbel, gibt es eventuell keine Adressen in der Lieferantenkartei.

In solchen Fällen muss nach geeigneten Einkaufsmöglichkeiten gesucht werden.

Hilfreich bei der Suche sind z. B. Branchenbücher oder Suchdienste im Internet.

In Branchenbüchern wie den „Gelben Seiten" 3 sind die Firmenadressen nach Branchen (Arbeitsgebieten) geordnet. Sie sind auch online verfügbar, z. B. unter www.gelbeseiten.de.

Auch spezielle Suchdienste wie die Lieferantensuchmaschine „Wer liefert was" (www.wlw.de) können hilfreich sein 4 .

AUFGABE
Ihr Büro soll neu mit Massivholz-Büromöbeln eingerichtet werden. Der Lieferant sollte sich in der Nähe befinden. Finden Sie mithilfe eines Branchenbuches oder einer Suchmaschine im Internet drei mögliche Lieferanten.

Einkaufen

1 Schriftliche Anfrage

AUFGABE

1. Welche Serviceleistungen könnten die Auswahl eines Lieferanten beeinflussen?

2. Fragen Sie telefonisch an, was eine Monatskarte für den öffentlichen Nahverkehr in Ihrem Wohnort kostet.

3. Sie sollen 15 Naturholz-Schreibtische und 15 passende Büroschränke beschaffen. Schreiben Sie eine Anfrage an einen Lieferanten. Beachten Sie dabei die formalen Regeln für Geschäftsbriefe.

Anfragen stellen

Sind mehrere passende Lieferanten gefunden worden, muss sich das Unternehmen für einen entscheiden.

Bei dieser Entscheidung sollte jeder Anbieter nach bestimmten Kriterien überprüft werden. Sehr wichtig sind hierbei folgende Punkte:

- Preis,
- Qualität,
- Lieferzeit,
- Kosten der Lieferung,
- Zahlungsbedingungen,
- Serviceleistungen,
- eigene Erfahrungen,
- Empfehlungen von anderen,
- …

Nicht alle Fragen können mithilfe eines Branchenbuches oder einer Lieferantensuchmaschine geklärt werden. Dann ist es notwendig, eine **Anfrage** an den jeweiligen Lieferanten zu stellen.

Solche Anfragen können wie folgt gestellt werden:

- schriftlich **1**,
- telefonisch oder
- mündlich.

Im Geschäftsleben werden häufig gezielte Anfragen nach bestimmten Waren gestellt **1**. Sie enthalten oft auch spezielle Nachfragen zu Serviceleistungen, zu Lieferkosten oder Zahlungsbedingungen.

Es gibt aber auch sehr allgemeine Anfragen. Dazu zählt beispielsweise eine Bitte um Zusendung eines Kataloges.

Alle Anfragen haben gemeinsam, dass sie rechtlich nicht bindend sind. Das heißt, wer anfragt, ist nicht dazu verpflichtet, auch etwas zu kaufen.

> **Mit einer Anfrage kann man Informationen von möglichen Lieferanten erhalten. Sie sind rechtlich nicht bindend.**

Einkaufen

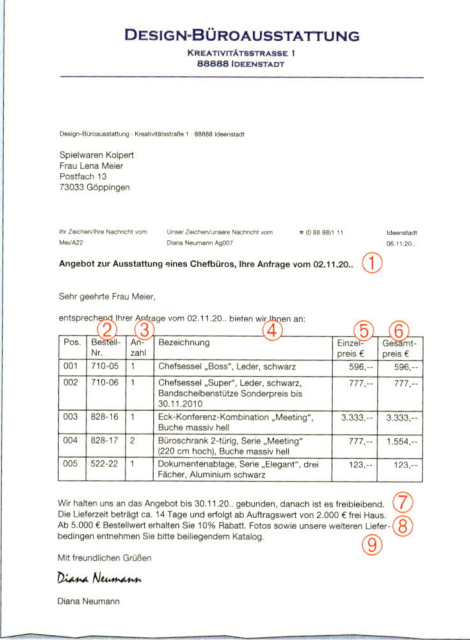

Tab. 1: Inhalte eines schriftlichen Angebots (Auswahl)

Merkmal	Bedeutung
Bezug ①	Zuordnung zur Anfrage
Bestell-Nr. ②	Zuordnung der Ware
Anzahl ③	Bestellmenge
Bezeichnung ④	Warenart
Einzelpreis ⑤	Preis für eine Einheit, z. B. ein Stück
Gesamtpreis ⑥	Preis für die gesamte Menge

2 Schriftliches Angebot

Angebote auswerten

Auf eine konkrete Anfrage, z. B. für die Ausstattung eines Büros mit Möbeln, erhält man im Normalfall ein **Angebot**.

Angebote können auch mündlich oder schriftlich abgegeben werden.

Unternehmen verfassen Angebote in der Regel schriftlich 2 . Sie sind meistens ähnlich aufgebaut und haben bestimmte Inhalte wie Angaben zur Ware und zu den Lieferbedingungen (Tab. 1).

Werbeprospekte oder Schaufensterauslagen in Geschäften sind keine Angebote, denn sie richten sich an eine Vielzahl von Menschen.

Ein Angebot ist immer an einen bestimmten Kunden gerichtet.

Ein Angebot sollte nicht nur nach dem Preis, sondern immer auch nach weiteren **Konditionen** (Bedingungen) bewertet werden (Tab. 2).

Tab. 2: Wichtige Konditionen (Auswahl)

Kondition	Inhalt
Bindefrist (Gültigkeitsdauer) ⑦	• angegebener Termin, bis zu dem das Angebot gilt • „freibleibend": Preise, Mengen, Gültigkeitsdauer und andere Konditionen können sich ändern
Lieferbedingungen ⑧	• Ab Werk: Käufer muss Zustellung bezahlen • Frei Haus: Verkäufer trägt die Lieferkosten
Zahlungsbedingungen ⑨	• Rabatt: Preisnachlass, z. B. beim Kauf großer Mengen • Skonto: Preisnachlass bei schneller Zahlung • Zahlungsziel: Termin der spätesten Zahlung

79

Angebotsvergleich

Datum 15.11.20..

Artikel: Kopierpapier weiß A4, 10.000 Blatt   Unsere Artikelnummer: 111

Einheit/Menge		Pack	500 Blatt ②	Pack	1.000 Blatt ③	Pack	500 Blatt
Firma		**Papier-Prell GmbH**		**Büromaterial Großhandel BG**		**Bürosparfuchs**	
Lieferanten-Nr.		10010		10020		10030	
Art.-Nr. des Lieferanten		123-556 P		45 45 69 S		4598	
Einzelpreis ①			4,20 €		6,66 €		3,80 €
x Menge = Listeneinkaufspreis ④	Stck.	20	84,00 €	Stck.	10	66,60 €	Stck.	20	76,00 €
– Rabatt ⑤	10 %		8,40 €	0 %		0,00 €	10 %		7,60 €
= Zieleinkaufspreis ⑥			75,60 €			66,60 €			68,40 €
– Skonto ⑦	3 %		2,27 €	2 %		1,33 €	2 %		1,37 €
= Bareinkaufspreis ⑧			73,30 €			65,27 €			67,03 €
+ Bezugskosten ⑨			0,00 €			5,55 €			2,50 €
= **Einstandspreis** ⑩			73,33 €			70,82 €			69,53 €

1 Angebotsvergleich für Kopierpapier

Angebote vergleichen

Bei größeren Anschaffungen mit hohen Kosten werden meist mehrere Angebote eingeholt.

Auch für Einkäufe, die häufig getätigt werden, stehen oft mehrere mögliche Lieferanten aus der Lieferantenkartei zur Auswahl.

In beiden Fällen muss aus den vorliegenden Angeboten das beste ausgewählt werden.

Zuerst wird überprüft, ob die Angebote die Anforderungen an die Ware erfüllen. Soll weißes Kopierpapier (A4, 80 g) gekauft werden, fallen alle Angebote mit anderem Papier weg.

Zwischen den Anbietern, die die Anforderungen erfüllen, wird dann ein **Angebotsvergleich** zur Wirtschaftlichkeit durchgeführt 1 . So soll das beste Angebot ermittelt werden.

> Das beste Angebot muss
> - die gestellten Anforderungen erfüllen
> - und wirtschaftlich sein.

Dabei werden in der ersten Stufe die Preise verschiedener Angebote vergleichbar gemacht:

- Bei einem Angebotsvergleich dürfen nicht einfach die Einzelpreise ① verglichen werden. Dies ist bei unterschiedlichen Verpackungseinheiten wie im vorliegenden Fall bei dem Kopierpapier mit 500 oder 1.000 Blatt ② ③ nicht sinnvoll, sondern führt zu falschen Ergebnissen.

- Der Listeneinkaufspreis ④ ist der Preis, der für die benötigte Menge bezahlt werden muss. Diesen kann man sinnvoll vergleichen. Das Angebot der Firma „Büromaterial Großhandel BG" ist mit 66,60 € hier das preisgünstigste.

Noch ist das beste Angebot aber nicht gefunden. Denn auch die Konditionen beeinflussen die **Wirtschaftlichkeit**.

Wirtschaftlich ist ein Angebot erst dann, wenn es unter Berücksichtigung der verschiedenen Konditionen einen günstigen Preis bietet.

100 % ≙ 84 €
  1 % ≙ 0,84 €
 10 % ≙ 8,40 €   Rabatt ⑤

84 € − 8,40 € = 75,60 €
                 Zieleinkaufspreis ⑥

100 % ≙ 75,60 €
  1 % ≙ 0,756 €
  3 % ≙ 2,27 €   Skonto ⑦

75,60 € − 2,27 € = 73,33 €
                   Bareinkaufspreis ⑧

AUFGABE

Ein Sachbearbeiter erhält ein weiteres Angebot von der Firma „Papier-Neu", die für 1.000 Blatt Kopierpapier weiß (A4, 80 g) laut Preisliste 8 € verlangt.

Momentan gibt es einen Einführungsrabatt von 25 %.

Außerdem bietet „Papier-Neu" 3 % Skonto und Lieferung für 1,99 € an.

Berechnen Sie den Einstandspreis für 10.000 Blatt. Erstellen Sie dazu eine Rechnung wie in Bild **1**.

Das beste Angebot auswählen

Viele Konditionen können zahlenmäßig erfasst und im nächsten Schritt für die Wirtschaftlichkeitsprüfung berücksichtigt werden:

- **Rabatte** ⑤ sind Preisnachlässe. Sie werden z. B. beim Kauf von größeren Mengen (Mengenrabatt) oder für Stammkunden (Treuerabatt) gewährt.

  Ein Lieferrabatt wird vom Listeneinkaufspreis abgezogen. Das Ergebnis heißt Zieleinkaufspreis ⑥.

- **Skonto** ⑦ ist ebenfalls ein Preisnachlass. Er wird für schnelle Zahlung gewährt. Üblich sind 2 bis 3 %, wenn z. B. innerhalb von 7 Tagen gezahlt wird.

  Skonto wird vom Zieleinkaufspreis berechnet und abgezogen. So ergibt sich der Bareinkaufspreis ⑧. Skonto sollte in Anspruch genommen werden, da die frühe Zahlung sich fast immer lohnt.

- **Bezugskosten** ⑨ sind die Kosten, die dafür anfallen, dass die Waren zum Kunden kommen. Ein Beispiel ist das Porto für ein Paket, mit dem die Ware verschickt wird.

  Bezugskosten müssen selbstverständlich nur dann zum Bareinkaufspreis dazugezählt werden, wenn der Käufer die Versandkosten tragen muss.

- Man erhält den **Einstandspreis** ⑩. Da das der Preis ist, der für die gewünschten Waren bezahlt werden muss, kann dieser schließlich verglichen werden.

Unter Berücksichtigung der Liefer- und Zahlungsbedingungen ergibt sich nun ein eindeutiges Ergebnis für das angegebene Beispiel **1**.

Das beste Angebot kommt von „Bürosparfuchs" mit einem Einstandspreis von 69,53 €.

Das Papier sollte deshalb bei diesem Lieferanten bestellt werden.

Einkaufen

Planung:
- Was wird benötigt?
- Welche Mengen sind notwendig?
- Wann werden die Waren gebraucht?

Lieferantenauswahl hinsichtlich
- Qualität,
- Menge,
- Lieferungs- und Zahlungsbedingungen.

Entscheidung:
- Bei welchem Lieferanten bestellen?
- Welche Waren bestellen?

1 Vorbereiten der Bestellung

Hinweise zur schriftlichen Bestellung

1. Anlass der Bestellung angeben ①:
   Hinweis auf Katalog, Angebot, Preisliste, Vorgespräch, …

2. Angaben zur Bestellung machen ②:
   Menge, Qualität, Preis, Zahlungsbedingungen, Verweis auf ein konkretes Angebot, Preislisten oder Kataloge, bestimmte Geschäftsbedingungen, …

3. Handlungen und Informationen benennen, die vom Lieferanten erwartet werden ③:
   Liefertermin, Auftragsbestätigung, …

2 Hinweise zur schiftlichen Bestellung

Eine Bestellung vornehmen

Nachdem die Lieferantenauswahl abgeschlossen ist, kann eine **Bestellung** der Ware erfolgen **1**.

Bestellungen können in mündlicher und schriftlicher Form vorgenommen werden.

Meistens erfolgen Bestellungen in schriftlicher Form **3**. So ist sichergestellt, dass Käufer und Verkäufer die gleichen Informationen zur Bestellung vorliegen haben.

Diese Informationen sind für den Abschluss eines Kaufvertrages notwendig.

Jede Bestellung sollte bestimmten Anforderungen entsprechen, damit für den Käufer und den Verkäufer alle notwendigen Informationen enthalten sind (Tab. 1).

Für das Anfertigen einer schriftlichen Bestellung sind einige wichtige Hinweise zu beachten **2**.

Tab. 1: Bestellungsanforderungen

Notwendige Information	Erläuterung (Beispiel)
Art und Güte der Ware	Qualität der Ware
Menge	Stückzahl, Gewicht, …
Preis	
Lieferungsbedingungen	Lieferzeit, Beförderungskosten
Zahlungsbedingungen	Rabatt, Skonto, Termin, …
Erfüllungsort	Ort, wo Ware zu übergeben ist und Zahlung erfolgt
Gerichtsstand	Ort, wo vor Gericht zu klagen ist

Irmela Kolpert
Staffelweg 13-15
73033 Göppingen

Spielwaren Kolpert • Postfach 13 • 73033 Göppingen

Designbüroausstattung
Kreativitätsstraße 1
88888 Ideenstadt

Ihr Zeichen: Diana Neumann ①
Ihre Nachricht vom: Ag007, 06.11.20..
Unser Zeichen: Mei/A22
Unsere Nachricht vom: 02.11.20..

Name: Franz Müller
Telefon: 07161 1111- 11
Telefax: 07161 1111- 12
E-Mail: mueller.kolpertspiel@web.de

Datum: 29.11.20..

Bestellung

Sehr geehrte Frau Neumann,

wir bestellen gemäß Ihrem Angebot vom 6. November 20.. wie folgt: ①

Bestell-Nr.	Menge	Artikelbezeichnung	Einzelpreis netto €	Gesamtpreis netto €
710-05	1 Stück	Chefsessel Boss	596,-- €	596,-- €
828-17	2 Stück	Büroschrank 2-türig	777,-- €	1554,-- €
522-22	1 Stück	Dokumentenablage	123,-- €	123,-- €
			Summe	**2.273,-- €**

② (neben Gesamtpreis-Spalte)

Liefertermin ist der 15.12.20.. . ②
Fracht- und Verpackungskosten trägt der Verkäufer. ②
Wir erhalten wie angeboten 3% Skonto bei Zahlung innerhalb von 10 Tagen nach Lieferung. ②
Bitte bestätigen Sie unsere Bestellung bis zum 5. Dezember 20.. . ③

Mit freundlichen Grüßen

i.V. Franz Müller

Franz Müller

ABC-Bank – BLZ 0123 4567 89 – Konto-Nr.: 98765432
USt.-IdNr.: 123 456 789 / Handelsregister Göppingen / Geschäftsführerin Irmela Kolpert

3 Beispiel einer schriftlichen Bestellung

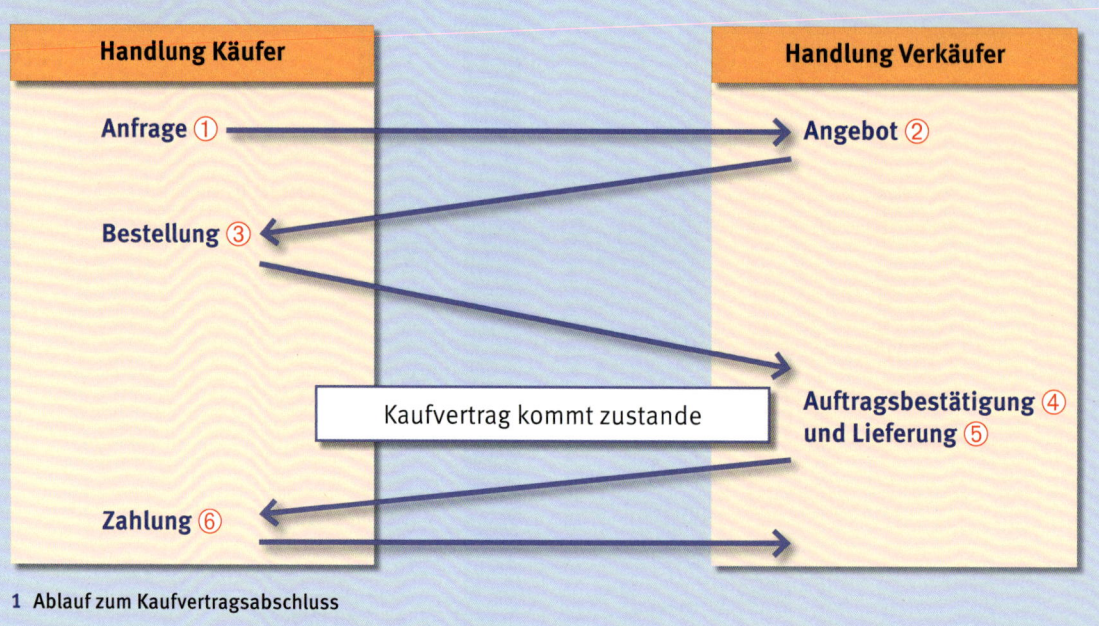

1 Ablauf zum Kaufvertragsabschluss

Einen Kaufvertrag abschließen

Einen Vertrag, den Käufer und Verkäufer abschließen, nennt man **Kaufvertrag**. Er ist im Bürgerlichen Gesetzbuch (BGB) geregelt.

Der Kaufvertrag kann mit der verbindlichen Bestellung eines Käufers zustande kommen. Die Bestellung kann schriftlich, mündlich, ja sogar durch Nicken mit dem Kopf erfolgen.

Die wichtigste Voraussetzung für den Abschluss eines Kaufvertrages ist, dass sich Käufer und Verkäufer einig sind in allen wichtigen Bedingungen wie:

- Warenart,
- Warenbeschaffenheit,
- Warenmenge,
- Preis,
- Lieferung,
- Zahlung,
- Erfüllungsort und
- Gerichtsstand.

Zum Abschließen eines Kaufvertrags sind bestimmte Handlungen notwendig. Sie können wie folgt ablaufen 1 :

- Der Käufer stellt eine Anfrage ① an den Verkäufer.

- Der Verkäufer macht dem Käufer ein passendes Angebot ②.

- Wird das Angebot vom Käufer akzeptiert, gibt er eine Bestellung ③ an den Verkäufer. Mit der Bestellung kommt ein Kaufvertrag zustande.

- Der Verkäufer sendet eine Auftragsbestätigung ④ an den Käufer und führt die Lieferung ⑤ aus.

- Abschließend erfolgt die Zahlung ⑥ durch den Käufer an den Verkäufer.

> Ein Kaufvertrag kommt z. B. zustande, wenn der Käufer das Angebot des Verkäufers durch eine Bestellung annimmt.

Einkaufen

2 Warenannahme im Lager

AUFGABE

Welche Aufgaben gehören nicht zur Warenannahme? Begründen Sie Ihre Entscheidung.

a) Lieferschein prüfen

b) Menge zählen

c) Schäden beheben

d) Empfangsschein ausstellen

e) Rechnung bezahlen

f) Lieferschein mit Bestellung vergleichen

g) Ware auspacken

h) Lieferfahrzeug auf Verkehrssicherheit untersuchen

Waren annehmen

In einem Unternehmen werden Waren meist durch zuständige Mitarbeiter entgegengenommen 2 .

Verfügt das Unternehmen über ein eigenes Lager, sind die zuständigen Mitarbeiter oft Fachlageristen oder Fachkräfte für Lagerlogistik.

Diese Mitarbeiter handeln bei der **Warenannahme** immer nach einer bestimmten Schrittfolge 3 . Sie soll sicherstellen, dass die gelieferte Ware der Bestellung entspricht und Abweichungen oder Beschädigungen sofort erkannt werden.

Wichtige Dokumente für diese Wareneingangskontrolle sind der Lieferschein und die Bestellung. Nur mit ihrer Hilfe kann die Vollständigkeit der Lieferung festgestellt werden.

> Offene (sichtbare) Mängel sind unverzüglich dem Lieferanten zu melden, versteckte Mängel sofort nach ihrer Entdeckung.

1. Lieferung mit Begleitpapieren (Lieferschein und Bestellung) abgleichen

↓

2. Kontrolle der Verpackung auf äußere Beschädigungen

↓

3. Verpackung öffnen und Waren auf Vollständigkeit und Beschädigungen kontrollieren

↓

4. Mängel beim Lieferanten melden

↓

5. Annahme der Ware bestätigen

3 Schrittfolge bei der Warenannahme

LAGERKARTE S-111						
Artikelbezeichnung: Kopierpapier weiß A4			Artikelnummer	Einheit:	MB 20 ⑧	
			111	Packung	HB 60 ⑦	
Tag ①	Beleg ②	Text ③	Zugang ④	Abgang ⑤	Bestand ⑥	
01.03.	Liste	Inventur			18	
04.03.	LS K-3	Lieferung Papiere Kaul	50		68	
06.03	ES-2	Rechnungswesen		17	51	
08.03.	ES-3	Versandabteilung		4	47	
11.03.	ES-4	Verwaltung		19	28	
14.03.	ES-5	Versandabteilung		12	16	
17.03	LS B-3	Lieferung Bürosparfuchs	20		36	
20.03.	ES-6	Sekretariat		6	30	

1 Lagerkarte für Kopierpapier weiß A4

Bestände erfassen

Jede Lieferung von Waren muss im Unternehmen erfasst werden. Die Summe aus der Liefermenge einer Ware und der noch vorhandenen Menge ergibt dann den aktuellen **Lagerbestand**.

Der aktuelle Bestand von Waren wird in einer **Lagerkartei** geführt. Für jeden Artikel gibt es dort eine eigene **Lagerkarte** 1 mit wichtigen Bestandteilen (Tab. 1).

Auf der Lagerkarte werden alle Zu- und Abgänge für den jeweiligen Artikel verzeichnet. Die Zugänge werden mit dem Lieferschein, die Abgänge per Materialentnahmeschein erfasst.

Diese Vorgehensweise stellt sicher, dass der aktuelle Bestand eines Artikels bekannt ist und zum richtigen Zeitpunkt eine Neubestellung erfolgt.

> **Zugänge erhöhen den Lagerbestand, Abgänge verringern ihn.**

Tab. 1: Bestandteile der Lagerkarte

Bestandteil	Beschreibung
Tag ①	Datum Erfassung
Beleg ②	z. B. Lieferschein oder Materialentnahmeschein
Text ③	z. B. Kunde oder Lieferant
Zugang ④	erhöht Lagerbestand
Abgang ⑤	verringert Lagerbestand
Bestand ⑥	Anfangsbestand plus (+) Zugänge minus (−) Abgänge = aktueller Bestand
HB ⑦	Höchstbestand sollte nicht überschritten werden
MB ⑧	Mindestbestand sollte nicht unterschritten werden

Einkaufen

2 Inventurarbeiten

A.	Vermögen		EUR	EUR
	I	Anlagevermögen		
		1. Grundstück Veldener Straße 41		150.000,00
		2. Firmengebäude Veldener Straße 41		210.000,00
		3. Maschinen		35.000,00
		4. Betriebs- und Geschäftsausstattung		45.000,00
	II	Umlaufvermögen		
		1. Waren		26.000,00
		2. Forderungen gegenüber Kunden		14.000,00
		3. Bankguthaben		
		3.1 Sparkasse Landshut	12.000,00	
		3.1 Volksbank	26.000,00	38.000,00
		4. Kassenbestand		1.409,00
	Summe des Vermögens			**519.409,00**
B.	Schulden			
	I	Langfristige Schulden		105.000,00
		Darlehen bei der Sparkasse Landshut		
	II	Kurzfristige Schulden		
		1. Verbindlichkeiten aus Lieferung und Leistung		
		1.1 Möbel Meier, München	16.000,00	
		1.2 Auto Fuhrmann	13.000,00	29.000,00
	Summe der Schulden			**134.000,00**

3 Inventar

Inventur durchführen

In Unternehmen müssen in unterschiedlichen zeitlichen Abständen alle Vermögensgegenstände, wie Maschinen und Warenbestände, sowie die vorhandenen Schulden erfasst werden. Dieser Vorgang wird **Inventur** genannt 2 .

Das Ergebnis einer Inventur ist die Erfassung des gesamten **Inventars** 3 . Es setzt sich aus dem Vermögen und den Schulden eines Unternehmens zusammen (Tab. 2).

Wenn die Wareninventur mithilfe der Lagerkartei durchgeführt wird, ist es eine laufende oder permanente Inventur.

Oft werden aber auch Stichtagsinventuren durchgeführt. Dann werden zu einem bestimmten Stichtag, z. B. 31. Dezember, alle Bestände erfasst, z. B. gezählt oder gewogen.

> **Inventur ist die Bestandsaufnahme aller Vermögensgegenstände und Schulden durch Zählen, Wiegen oder Messen.**

Tab. 2: Bestandteile des Inventars (Auswahl)

Bestandteil	Beschreibung
Vermögen	Anlagevermögen wie: • Grundstücke, • Gebäude, • Maschinen, • Fahrzeuge Umlaufvermögen wie: • Rohstoffe, • fertige und unfertige Erzeugnisse, • Forderungen, • Bankguthaben, • Bargeld
Schulden	langfristige und kurzfristige Verbindlichkeiten

Zieht man die Summe der Schulden von der Summe des Vermögens ab, erhält man das sogenannte Reinvermögen.

1 Karosserielager

2 Getränkelager

Waren lagern

In vielen Unternehmen müssen bestimmte Waren immer zur Verfügung stehen.

Um diese Waren vorrätig zu haben, legen die Unternehmen **Lager** an. Diese erfüllen je nach Art und Größe des Unternehmens bestimmte **Lagerfunktionen** (Tab. 1).

Neben den unterschiedlichen Lagerfunktionen unterscheidet man auch verschiedene **Lagerarten** (Tab. 2).

Sie richten sich jeweils nach der Unternehmensart und den baulichen Notwendigkeiten für die Lagerung der unterschiedlichen Waren.

Das Karosserielager einer Automobilfirma **1** ist völlig anders aufgebaut als das Getränkelager eines Getränkegroßhändlers **2**.

Tab. 1: Lagerfunktionen (Auswahl)

Funktion	Merkmal
Puffer	Überbrückung zwischen Produktion und Verkauf
Ersatz	Sicherung der Ersatzlieferung
Veredelung	Erlangung eines Reifegrades (z. B. Käse, Wein)
Preisausgleich	Auffangen von Preisschwankungen

Tab. 2: Lagerarten (Auswahl)

Merkmal	Bezeichnung
nach Bauweise	• Hochregallager • Eingeschosslager • Etagenlager • Tanklager
nach zeitlicher Zuordnung	• Eingangslager • Zwischenlager • Ausgangslager

Einkaufen

AUFGABE

Der Aktenvernichter ist nach zehn Jahren kaputtgegangen und lässt sich nicht mehr reparieren. Sie sollen einen neuen beschaffen, der zusätzlich auch CDs vernichten kann.

1. Wie können Sie Lieferanten finden? Nennen Sie drei Möglichkeiten.

2. Suchen Sie drei Angebote für geeignete Aktenvernichter im Internet.

3. Sie haben zwei geeignete Geräte gefunden, die gleich teuer sind. Welche Angebotsbestandteile können nun entscheidend dafür sein, welchen Aktenvernichter Sie kaufen? Nennen und erklären Sie mindestens drei.

4. Schreiben Sie eine Bestellung für das ausgewählte Gerät.

5. Nennen Sie die Bestandteile eines gültigen Kaufvertrages.

6. Welche Schrittfolge ist bei der Warenannahme zu beachten?

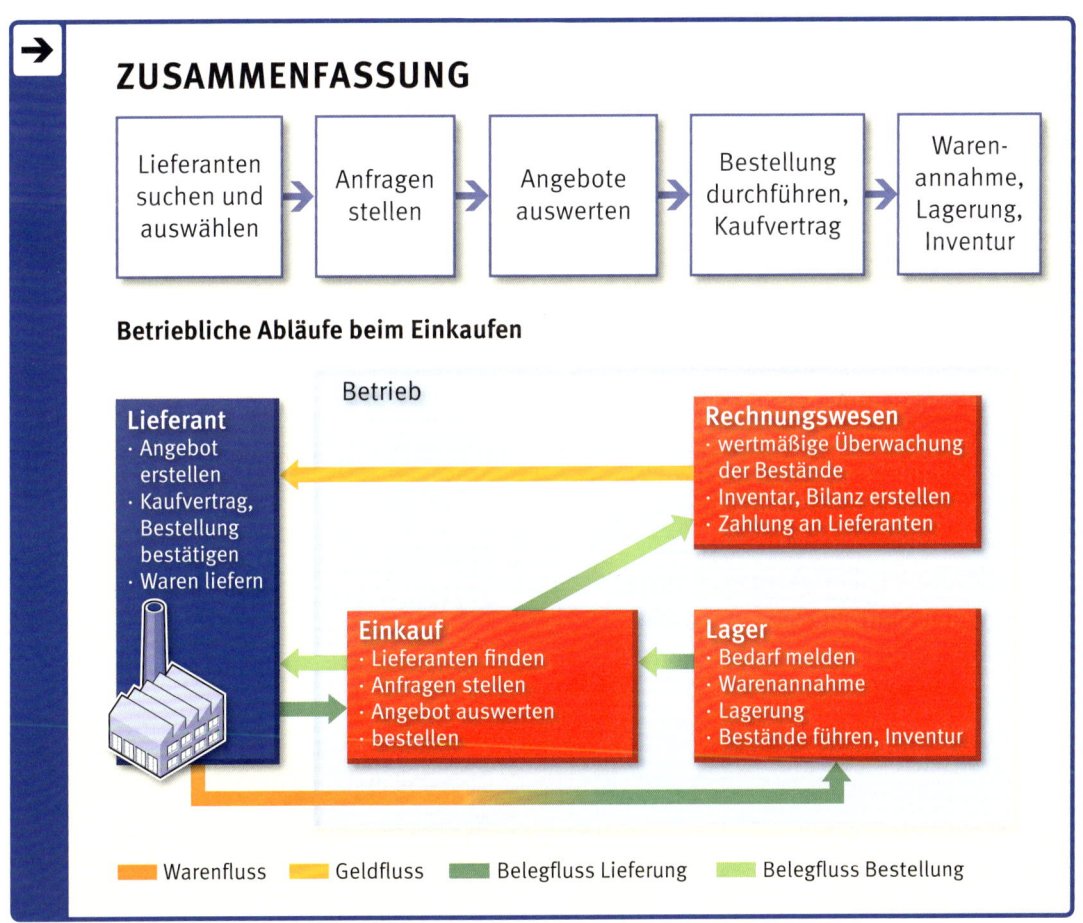

ZUSAMMENFASSUNG

Lieferanten suchen und auswählen → Anfragen stellen → Angebote auswerten → Bestellung durchführen, Kaufvertrag → Warenannahme, Lagerung, Inventur

Betriebliche Abläufe beim Einkaufen

Betrieb

Lieferant
- Angebot erstellen
- Kaufvertrag, Bestellung bestätigen
- Waren liefern

Rechnungswesen
- wertmäßige Überwachung der Bestände
- Inventar, Bilanz erstellen
- Zahlung an Lieferanten

Einkauf
- Lieferanten finden
- Anfragen stellen
- Angebot auswerten
- bestellen

Lager
- Bedarf melden
- Warenannahme
- Lagerung
- Bestände führen, Inventur

■ Warenfluss   ■ Geldfluss   ■ Belegfluss Lieferung   ■ Belegfluss Bestellung

1 Mountainbike für 399,- € im Angebot

Fahrrad Farbe silber, 28″, 7 Gänge, Top-Zustand, 1. Hand, 100,- €, Tel. 089 123456

2 Zeitungsannonce Fahrradverkauf

3.3 Verkaufen

Das eigene Fahrrad ist bereits sieben Jahre alt und die Schaltung veraltet. Ein großer Wunsch ist ein neues Mountainbike mit 21 Gängen.

So ein Fahrrad kostet aber etwa 400 € **1**. Abzüglich der ersparten 300 € fehlen noch mindestens 100 €. Um das fehlende Geld aufzutreiben, soll das alte Rad verkauft werden.

Wie kann ein Interessent gefunden werden, der ein solches Fahrrad kaufen würde?

Eine erste Idee ist der Flohmarkt. Weitere Möglichkeiten sind eine Verkaufsanzeige in der Zeitung **2** oder ein Angebot im Internet.

Welcher Verkaufspreis ist für das gebrauchte Rad realistisch?

Vergleiche von Verkaufsangeboten gebrauchter Fahrräder in Zeitungen und im Internet helfen bei der Suche nach einem Verkaufspreis.

Unternehmen müssen sich vor dem Verkauf ihrer Waren oder Dienstleistungen ähnliche Fragen stellen.

Folgende Überlegungen sind dabei besonders wichtig:

- Welche Waren oder Dienstleistungen werden angeboten, neu ins Angebot genommen oder aus dem Angebot gestrichen?

- Auf welchem Weg sollen die Waren oder Dienstleistungen angeboten werden (z. B. Supermärkte, Internet)?

- Durch welche Maßnahmen soll für den Kauf der Waren oder Dienstleistungen geworben werden (z. B. Prospekte, Anzeigen in Zeitungen, Radiowerbung)?

- Welchen Verkaufspreis hat die Ware oder Dienstleistung und wie hoch ist der Gewinn? Dabei muss der Verkaufspreis so berechnet werden, dass die anfallenden Kosten gedeckt sind und ein Gewinn bleibt.

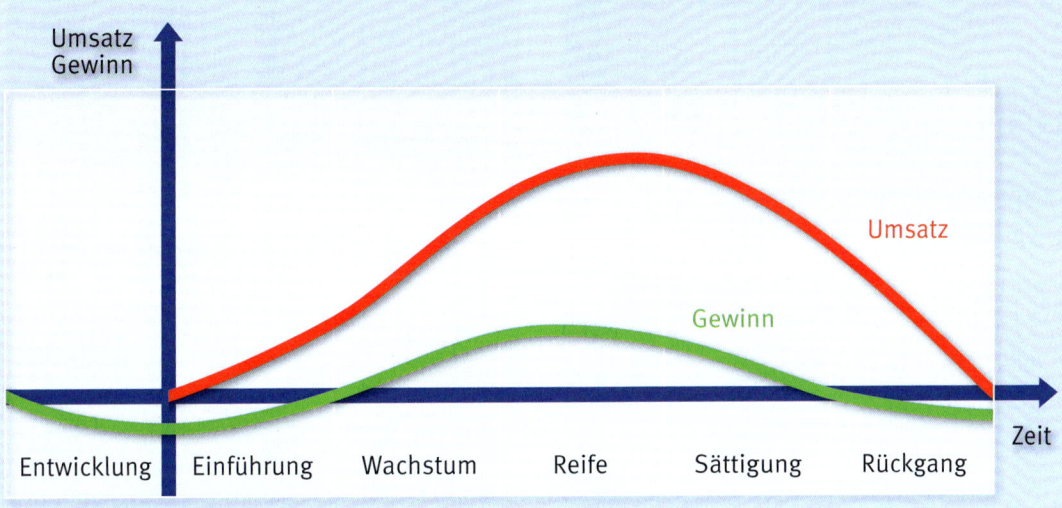

3 Produktlebenszyklus

Das Angebot wechselt

Neben technischen Neuerungen verändern auch Mode- und Trenderscheinungen die Nachfrage der Verbraucher.

Wenn ein Produkt, z. B. Röhrenfernseher, nur noch selten oder nicht mehr verkauft werden kann, dann sinkt der **Umsatz**. Außerdem wird kein Gewinn erzielt, wenn nicht alle Kosten gedeckt werden können.

> **Umsatz** heißt der Geldbetrag, der von Unternehmen durch den Verkauf von Waren und Dienstleistungen erzielt wird.

Der **Produktlebenszyklus** 3 zeigt den Verlauf von Umsatz und Gewinn. Dadurch kann er Unternehmen helfen, Entscheidungen darüber zu treffen, welche Produkte sie anbieten sollten.

Die Nachfrage für die Produkte ist in den jeweiligen **Phasen des Produktlebenszyklus** unterschiedlich (Tab. 1). Sie ist bei neuen Produkten in der Einführungsphase oft noch gering.

Tab. 1: Phasen des Produktlebenszyklus

Phase	Umsatz	Konkurrenz
Einführung	gering	keine
Wachstum	schnell steigend	wenig
Reife	langsam wachsend	viel
Sättigung	sinkend	abnehmend
Rückgang	stark sinkend	wenig

AUFGABE

In welcher Phase des Produktlebenszyklus befinden sich
a) Glühbirne
b) Flachbildfernseher
c) Elektroauto
d) Netbook
e) Smartphone

Verkaufen

1 Viele Brot- und Brötchensorten in einer Bäckerei

2 Wenig Auswahl an Textilien und Fernsehgeräten im Supermarkt

Das Sortiment gestalten

Für einen erfolgreichen Verkauf sollte das Angebot den Kundenwünschen entsprechen.

Das gesamte Waren- und Leistungsangebot eines Unternehmens heißt **Sortiment**. Es kann unterschiedlich gestaltet sein 3 .

Durch die besondere Zusammensetzung des Sortiments unterscheidet sich ein Unternehmen von der Konkurrenz.

Fachgeschäfte, wie eine Bäckerei, konzentrieren sich auf eine oder wenige Waren oder Dienstleistungen, z. B. Backwaren. Sie bieten davon aber viele Unterarten an, z. B. zahlreiche Brot- und Brötchensorten 1 . Sie führen ein schmales, aber tiefes Sortiment.

In großen Supermärkten gibt es viele Warengruppen, z. B. Textilien und Elektroartikel, aber die Auswahl innerhalb einer Warengruppe bleibt beschränkt 2 . Sie führen ein breites, aber flaches Sortiment.

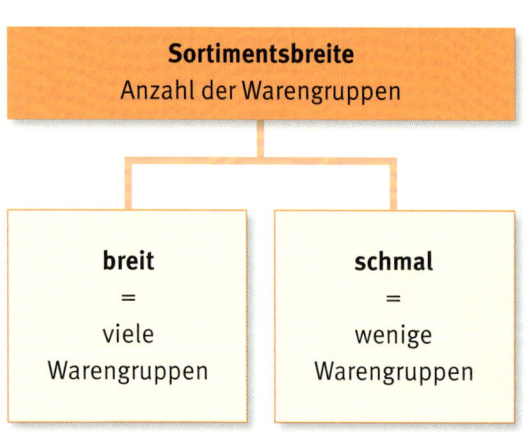
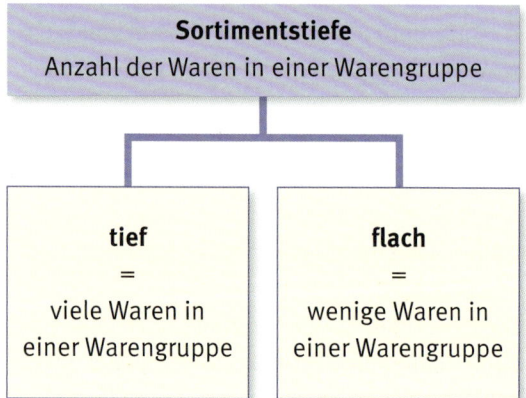

3 Sortimentsgestaltung

Tab. 1: Bestimmungsgrößen für die Verkaufspreisfestlegung (Auswahl)

Art	Beschreibung
Einstandspreis	Listenpreis des Lieferanten – Einkaufsrabatte + Bezugskosten (z. B. Porto)
Konkurrenzpreis	Kenntnis über Preise der Mitbewerber
Servicekosten	Kosten durch Kundenbetreuung und Kundendienst
Rabatte	Preisnachlässe aus verschiedenen Gründen (z. B. Mengen- oder Treuerabatt)
Gewinn	Umsatz abzüglich aller Kosten

Den Verkaufspreis finden

Ein Fernsehfachgeschäft wirbt mit einem Angebot für einen 32 Zoll LCD-Fernseher zum **Verkaufspreis** von 399 €. Die Lieferung und der Anschluss sind kostenlos.

Der benachbarte Elektrofachmarkt verkauft das gleiche Gerät zum selben Preis. Jedoch entstehen dort für die Lieferung und den Anschluss zusätzliche Kosten für den Kunden.

Das Fernsehfachgeschäft bietet zum selben Angebotspreis wie die Konkurrenz zusätzlich einen Service an (Lieferung, Anschluss).

Um trotzdem kostendeckend und gewinnbringend zu verkaufen, muss der Fernsehhändler bestimmte Größen bei der Verkaufspreisfestlegung beachten (Tab. 1).

Für die Lieferung und Aufstellung entstehen Fahrtkosten und für den beauftragten Mitarbeiter Lohnkosten. Deshalb bestellt er beim Hersteller eine größere Menge Fernsehgeräte, um einen günstigeren Einkaufspreis zu erhalten. Dadurch kann er sein Angebot machen und neue Kunden gewinnen.

Kunden verhandeln gerne über Preisnachlässe. Stammkunden können mit einem Treuerabatt rechnen. Bei frühzeitiger Bezahlung oder bei Barzahlung verringert ein Skonto den Verkaufspreis. Diese Preisminderungen beachtet der Händler ebenfalls bei der Preisfestsetzung.

AUFGABE

1. Nennen Sie je zwei Beispiele für breite, schmale, tiefe und flache Sortimente.

2. Welche Bestimmungsgrößen für die Verkaufspreisfestlegung sind in den folgenden Fällen betroffen?

a) Lieferant erhöht Preise um 5 %.
b) Kunde baut Möbel selbst auf.
c) Beim Kauf von fünf T-Shirts gibt es eines umsonst.
d) Spedition senkt Preise.

Verkaufen

Einstandspreis	422,12 €	100 %	①			
+ 35 % Handlungskosten (Lohn, Miete, etc.)	147,74 €	35 %				
= Selbstkosten	569,86 €	135 %	100 %	②		
+ 12 % Gewinn	68,38 €		12 %			
= Barverkaufspreis	638,24 €		112 %	98 %	③	
+ 2 % Kundenskonto (vom Zielverkaufspreis)	13,03 €			2 %		
= Zielverkaufspreis	651,27 €			100 %	97 %	④
+ 3 % Kundenrabatt (vom Nettoverkaufspreis)	20,14 €				3 %	
= Nettoverkaufspreis	671,41 €				100 %	100 % ⑤
+ 19 % Umsatzsteuer	127,57 €					19 %
= Bruttoverkaufspreis	798,98 €					119 %

(Klammer: HANDELSSPANNE)

1 Vorwärtskalkulation

Produkte kalkulieren

Die genauere Ermittlung des Verkaufspreises eines Produktes erfolgt durch **Kalkulation**.

■ **Durch eine Kalkulation können Kosten, Verkaufspreis und Gewinn berechnet werden.**

Mit der **Vorwärtskalkulation** soll der Verkaufspreis ermittelt werden. Sie beginnt mit dem Einstandspreis **1**.

Bei Berechnungen innerhalb der Vorwärtskalkulation muss immer beachtet werden, welche Größe als Basiswert dient:

- Handlungskosten (hier 35 %) werden als Zuschlag auf den Einstandspreis berechnet. Die Basis, d. h. 100 %, ist der Einstandspreis. Die Selbstkosten ergeben sich, wenn die Handlungskosten zum Einstandspreis dazugezählt werden ①.

- Der Gewinn wird als Zuschlag auf die Selbstkosten berechnet ②.

- Das Skonto wird vom Zielverkaufspreis berechnet. Das heißt, dass die Basis (100 %) dafür der Zielverkaufspreis ist. Bei 2 % Skonto entspricht der Barverkaufspreis also 98 % ③.

- Der Kundenrabatt wird wie bei der Skontoberechnung prozentual vom Nettoverkaufspreis berechnet ④.

- Die Umsatzsteuer wird vom Nettoverkaufspreis berechnet. Nettoverkaufspreis plus Umsatzsteuer ergeben zusammen den Bruttoverkaufspreis. Zu diesem Preis wird das Produkt im Laden angeboten ⑤.

Die Differenz zwischen Nettoverkaufspreis und Einstandspreis der Ware heißt **Handelsspanne**. Von dieser werden noch Preisnachlässe und die eigenen Kosten, z. B. für Miete, abgezogen. Der Rest verbleibt als Gewinn. Im Kalkulationsbeispiel sind das 68,38 €.

Der kalkulierte Verkaufspreis sollte alle Kosten decken und einen Gewinn ermöglichen.

Verkaufen

	Kostenart	Prozent	€	Beispiel	Anmerkung
	Fertigungsmaterial		80,00	Holz	nach Verbrauch
+	Materialgemeinkosten	5 %	4,00	Miete Lagerraum	Basis Fertigungsmaterial
=	**Materialkosten**		84,00		
	Fertigungslöhne		130,00	Lohn für Tischler	nach Aufwand
+	Fertigungsgemeinkosten	150 %	195,00	Gehalt, Meister	in % der Fertigungslöhne
=	**Fertigungskosten**		325,00		
	Herstellkosten		409,00		Summe Materialkosten + Fertigungskosten
+	Verwaltungsgemeinkosten	15 %	61,35	Gehalt für Verwaltung	in % der Herstellkosten
+	Vertriebsgemeinkosten	6 %	24,54	Kosten für Werbung	in % der Herstellkosten
=	**Selbstkosten**		494,89		
+	Gewinn	10 %	49,49		in % der Selbstkosten
=	**Barverkaufspreis**		544,38		
+	Kundenskonto	2 %	11,11		in % des Zielverkaufspreises
=	**Zielverkaufspreis**		555,49		

2 Zuschlagskalkulation für einen Holztisch

Mit Zuschlägen kalkulieren

Größere Firmen haben Mitarbeiter, die direkt an den Produkten arbeiten. Das kann z. B. in der Fertigung sein. Die dabei entstehenden Kosten z. B. für Löhne und Material heißen **Einzelkosten**.

▍**Einzelkosten können den Produkten direkt zugeordnet werden.**

Darüber hinaus gibt es Abteilungen und Angestellte, die nicht unmittelbar mit der Herstellung beauftragt sind. Hierzu zählen z. B. die Mitarbeiter der Personalabteilung oder die Fachkräfte im Lager.

Auch deren Gehälter müssen bezahlt und über die Verkaufspreise verdient werden. Die Kosten hierfür heißen **Gemeinkosten**. Andere Beispiele für Gemeinkosten sind Kosten für Heizung oder Beleuchtung.

▍**Gemeinkosten sind den Produkten nicht direkt zurechenbar.**

Die Gemeinkosten müssen bei der Kalkulation eines Zielverkaufspreises für eine Ware oder Dienstleistung berücksichtigt werden.

Dazu wird häufig eine **Zuschlagskalkulation** durchgeführt 2 . Dabei werden die Gemeinkosten als Prozentzuschläge auf die Einzelkosten erfasst. Die Zuschlagssätze werden vorher durch besondere Verfahren der Kostenrechnung ermittelt.

AUFGABE

Ermitteln Sie den Zielverkaufspreis bei der Herstellung einer Handtasche nach folgenden Angaben:

- Leder 45 €,
- Reißverschluss 3 €,
- Materialgemeinkosten 6 %,
- Zuschneidelohn 140 €,
- Fertigungsgemeinkosten 110 %,
- Verwaltungsgemeinkosten 20 %,
- Gewinnzuschlag 9 %,
- Vertriebsgemeinkosten 8 %,
- Kundenskonto 2,5 %.

Verkaufen

1 Zielgruppe Jugendliche

3 Multimedia-Handy

2 Zielgruppe ältere Menschen

4 Handy mit großen Tasten

Kunden finden

Menschen haben unterschiedliche Wünsche und Bedürfnisse. Unternehmen versuchen, diese mit ihrem Angebot an Waren und Dienstleistungen zu erfüllen.

Vorher müssen die Unternehmen aber ermitteln, was Kunden wollen.

Für Jugendliche 1 ist es z. B. häufig wichtig, dass sie technisch neue Geräte, wie ein aktuelles Handy, besitzen.

Ältere Menschen 2 benötigen dagegen vielleicht ein Mobiltelefon, um im Notfall Hilfe rufen zu können.

Um besser auf die unterschiedlichen Wünsche eingehen zu können, werden die Kunden in **Zielgruppen** zusammengefasst.

Eine Zielgruppe umfasst Personen mit gleichartigen Vorstellungen. Sie lässt sich gut von anderen Zielgruppen abgrenzen.

Werbung sollte immer auf die Zielgruppe ausgerichtet sein. Auch wenn beide Zielgruppen (Jugendliche und ältere Menschen) ein Handy kaufen möchten, sind ihre Anforderungen unterschiedlich.

Jugendliche legen z. B. Wert darauf:
- dass ihr Handy möglichst klein ist,
- sie damit auch Musik abspielen und
- im Internet surfen können 3.

Älteren Menschen ist es z. B. wichtig:
- dass ihr Handy große Tasten hat und
- leicht bedienbar ist 4.

Dementsprechend werden für beide Zielgruppen unterschiedliche Geräte angeboten. Nur so ist Kundenzufriedenheit in beiden Zielgruppen zu erreichen.

Zielgruppen kann man nicht nur nach dem Alter, sondern auch nach anderen Merkmalen wie Geschlecht oder Wohnort unterscheiden.

Verkaufen

5 Werbeplakat

AUFGABE

Sie wollen für folgende Waren und Dienstleistungen werben:

a) eine Fußballzeitschrift,
b) einen neuen Frisör,
c) einen Pflegedienst,
d) ein neues Online-Spiel.

1. Geben Sie jeweils eine Zielgruppe an, die Sie ansprechen möchten.

2. Wählen Sie jeweils zwei geeignete Werbeträger aus.

3. Wenden Sie die vier Phasen des AIDA-Prinzips auf eine der Waren oder Dienstleistungen an.

Kunden ansprechen

Um etwas zu verkaufen, müssen die Kunden das Angebot des Unternehmens kennen. Dabei kann **Werbung** helfen.

Werbung 5 dient der Beeinflussung von Personen und Personengruppen im Sinne der Unternehmensziele.

Werbung hat meistens das Ziel, mehr Waren oder Dienstleistungen zu verkaufen. Dabei werden die Vorteile einzelner Produkte für die jeweilige Zielgruppe anschaulich dargestellt.

Es gibt auch **Image-Werbung**. Sie soll eine positive Einstellung zu einer bestimmten Firma, einer Branche oder einem Wirtschaftszweig vermitteln. So werben z. B. Energiekonzerne mit ihrer umweltfreundlichen Energieerzeugung.

Werbung enthält neben Informationen oft Elemente, die Gefühle und Einstellungen der Zielgruppe ansprechen sollen.

Dafür gibt es ein Prinzip, das z. B. bei der Gestaltung von Anzeigen oder in Verkaufsgesprächen angewendet werden kann. Das **AIDA-Prinzip** (Tab. 1) soll helfen, die Werbeziele möglichst gut zu erreichen.

Tab. 1: AIDA-Prinzip	
Bestandteil (engl.)	**Bedeutung**
Attention	Aufmerksamkeit wecken
Interest	Interesse erzeugen
Desire	Kaufwunsch auslösen
Action	Kunde kauft

Werbung erfolgt über verschiedene **Werbeträger**. Das sind z. B. Werbeplakate, Zeitungen, Radio, Fernsehen oder Internet.

> Inhalt und Gestaltung der Werbebotschaft, aber auch die Werbeträger, sollten immer auf die Zielgruppe ausgerichtet sein.

1 Trikotwerbung

2 Verkaufsförderung durch Probieren

Den Verkauf fördern

Unternehmen benutzen gerne besondere Formen der Werbung, um den Verkauf ihrer Waren und Dienstleistungen zu fördern.

Direktwerbung spricht einzelne Personen direkt an. Die Werbung wird z. B. mit der Post oder als E-Mail zugeschickt.

Product Placement ist die Verwendung von Produkten innerhalb von Filmen.

Mit **Sponsoring** unterstützt eine Firma z. B. Sportler finanziell. Diese tragen oft das Firmenlogo auf ihrem Trikot 1 . Über die Sportler will sich die Firma bei der Zielgruppe, z. B. den Zuschauern eines Fußballspiels, bekannt und beliebt machen.

Maßnahmen der **Verkaufsförderung** finden meist direkt im Laden statt. Das kann z. B. das Probieren sein 2 . Dadurch soll den Kunden die momentane Kaufentscheidung erleichtert und kurzfristig mehr verkauft werden.

Öffentlichkeitsarbeit zielt nicht direkt auf eine Kaufentscheidung oder ein bestimmtes Produkt, sondern soll ein positives Bild des Unternehmens erzeugen.

Beliebte Maßnahmen in diesem Bereich sind:

- Berichte über neue Entwicklungen von Produkten,
- Informationen über Maßnahmen zum Umweltschutz,
- Betriebsbesichtigungen,
- „Tage der offenen Tür",
- …

> **AUFGABE**
>
> 1. Welche Firmen sind die Sponsoren Ihrer Lieblingssportler?
>
> 2. Welche Vor- und Nachteile kann Direktwerbung haben?
>
> 3. Finden Sie drei konkrete Beispiele für Öffentlichkeitsarbeit.

Verkaufen

3 Werksverkauf in einem Sportartikel-Outlet

AUFGABE

Handelt es sich bei den folgenden Beispielen um direkten oder indirekten Vertrieb?

a) Angebot von Wurst im Supermarkt

b) Verkauf von Büchern im Internet

c) Verkauf von Designer-Mode im Factory Outlet

d) Lieferung von Möbeln ab Werk

e) Verkauf von frischer Milch auf dem Bauernhof

f) Verkauf von Milch im Supermarkt

g) Verkauf eines Handys im Elektromarkt

h) Angebot von verschiedenen Baumaterialien im Baumarkt

Absatzwege auswählen

Fast jeder hat schon in einem Supermarkt, in einem Kaufhaus, über einen Katalog oder auch im Internet eingekauft und so seine Waren erhalten.

Der Weg der Ware vom Hersteller bis zum Kunden heißt **Absatzweg**. Es gibt zwei Arten, den direkten und den indirekten Vertrieb.

Der **direkte Vertrieb** wird zwischen Hersteller und Kunde durchgeführt. Es gibt keinen Händler, der zwischen den beiden Parteien steht.

> Beim direkten Vertrieb verkauft der Hersteller seine Waren direkt an den Kunden.

Ein weit verbreitetes Beispiel für den direkten Vertrieb ist der Werksverkauf 3 .

Der überwiegende Absatzweg ist der **indirekte Vertrieb**. Hierbei werden die Waren vom Hersteller über einen Händler an den Kunden verkauft (Tab. 1).

Tab. 1: Indirekter Vertrieb (Auswahl)

Absatzwege (Auswahl)	Merkmale (Auswahl)
Großhandel	• Weiterverkauf an den Einzelhandel • große Mengen
Fachgeschäft	• schmales, tiefes Sortiment • Beratung • Service
Supermarkt	• breites, flaches Sortiment • Selbstbedienung
Discounter	• schmales, flaches Sortiment • preisgünstig
Internet	• orts- und zeitunabhängig • geringer Beratungsbedarf

> Beim indirekten Vertrieb verkauft ein Händler die Produkte des Herstellers an den Kunden.

Verkaufen

1 Möbellieferung

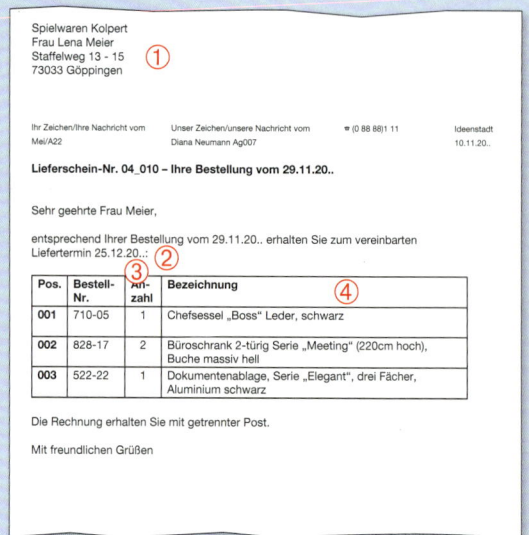

2 Lieferschein

Waren liefern und lagern

Waren müssen zum Käufer gelangen. Beim Einkauf im Supermarkt nimmt der Kunde seine Waren meistens direkt mit nach Hause.

Werden aber größere Einkäufe getätigt, z. B. Möbel oder große Werkzeugmaschinen, ist eine direkte Mitnahme der Waren oft nicht möglich.

Entweder fehlt das erforderliche Transportmittel oder die Fachkenntnis zum sicheren Transport. In diesem Fall erfolgt eine **Warenlieferung** an den Kunden 1 .

Die Lieferung kann durch die eigene Versandabteilung des Unternehmens oder z. B. durch beauftragte Speditionen und Kurierdienste erfolgen.

Im Kaufvertrag wird neben dem Liefertermin dann bereits festgelegt, ob der Käufer oder der Verkäufer die Kosten der Lieferung tragen muss.

Eine Warenlieferung wird immer von einem **Lieferschein** begleitet 2 . Er enthält die wichtigen Angaben zu:

- Empfängeradresse ①,
- Liefertermin ②,
- Menge ③ und
- Art der Ware ④.

Abhängig von der Art der zu liefernden Ware und dem einzuhaltenden Liefertermin müssen die Waren manchmal vorher noch gelagert werden.

So muss ein Möbeldiscounter bestimmte Möbel im Lager vorrätig haben, damit sie bei Bedarf direkt lieferbar sind.

Die **Lagerung** großer Mengen von Waren verursacht zusätzliche Kosten.

Deshalb sollten Lagerbestände möglichst gering gehalten werden. Allerdings ist oft ein bestimmter Lagerbestand nötig, um jederzeit liefern zu können.

Verkaufen

3 An der Kasse im Supermarkt

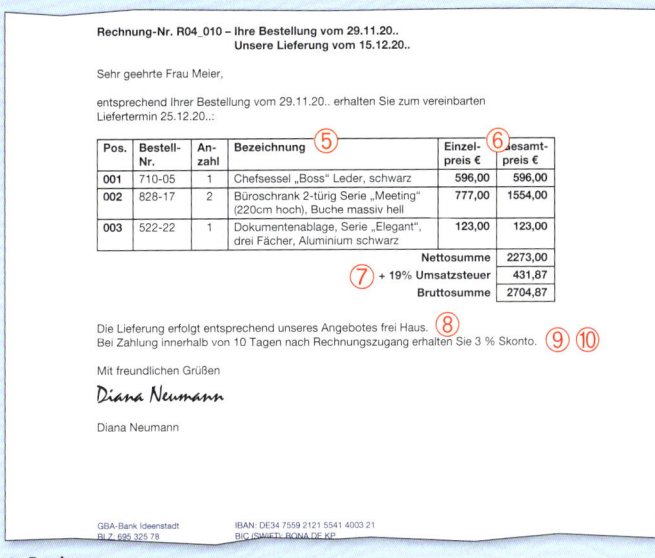

4 Rechnung

Rechnungen schreiben

Beim Einkauf im Supermarkt bekommt der Käufer direkt seine Ware und der Verkäufer erhält sofort sein Geld ③. Abschluss des Kaufvertrags, Übergabe der Ware und Bezahlung des Kaufpreises erfolgen dann gleichzeitig.

Diese Vorgänge können zeitlich voneinander getrennt sein. Bei späterer Lieferung stellt der Verkäufer meist eine **Rechnung** ④ aus.

Die Rechnung enthält:

- Bezeichnung der Ware ⑤,
- Einzel- und Gesamtpreis ⑥,
- Umsatzsteuer ⑦,
- Verpackungs- und Versandkosten ⑧,
- Zahlungsziel ⑨,
- Rabatte und Skonto ⑩.

Die Rechnung zeigt dem Verkäufer die Höhe der ausstehenden Zahlung an. Gleichzeitig informiert sie den Käufer, welchen Betrag er dem Verkäufer schuldet.

AUFGABE

Folgender Vorgang ist in der Firma Bücher-Verlag, Firmenadresse: Freisinger Str. 2, 80888 München, zu bearbeiten:

Am 20. April 20.. werden 30 Bücher des Titels „Grundwissen für Wirtschaft und Verwaltung" an die Buchhandlung Huber, Neue Straße 32, in 85333 Freising geliefert.

- Der Einzelpreis beträgt 27,95 €.
- Für Bücher gilt der ermäßigte Umsatzsteuersatz von 7 %.
- Bei Zahlung innerhalb von 14 Tagen erhält die Buchhandlung Huber 3 % Skonto.
- Für Versand und Verpackung werden pauschal 6,95 € verrechnet.

Schreiben Sie einen Lieferschein und eine Rechnung zu diesem Vorgang.

1 Lieferung

2 Reparatur

Kundenservice bieten

Für viele Kunden ist nicht nur der Preis der Ware ein wichtiges Kaufargument, sondern auch der angebotene Service, z. B. Lieferung 1 .

Der **Kundenservice** ist eine **Dienstleistung**. Je nach Produkt und Branche gibt es unterschiedliche Arten (Tab. 1). Sie können kostenpflichtig oder kostenlos sein.

Tab. 1: Kundenservice (Auswahl)	
Dienstleistung	**Inhalt**
technische	• Beratung • Reparatur 2 • Wartung • Entsorgung
kaufmännische	• Finanzierung • Umtauschrecht • Garantien

Die Bedeutung des Kundenservices steigt mit zunehmendem Wettbewerb. Unternehmen verfolgen damit z. B. folgende Ziele:

- Wettbewerbsvorteile im Vergleich zur Konkurrenz schaffen,
- neue Kunden gewinnen,
- vorhandene Kunden stärker an das Unternehmen binden,
- Kenntnisse über Kunden und deren Erwartungen erweitern.

Kundenservice zielt meist nicht auf kurzfristige Absatzerfolge, sondern auf langfristige Kundenbindung. Das Bild des Unternehmens oder der Behörde in der Öffentlichkeit kann so gleichzeitig verbessert werden.

Besonders beim Kundenservice kommt es sehr auf die fachlichen und persönlichen Fähigkeiten der Mitarbeiter im Kontakt mit dem Kunden an.

Guter Kundenservice gewinnt Kunden, schlechter vertreibt sie.

Verkaufen

AUFGABE

Ein Händler bietet bisher Computer, Handys sowie Zubehör und Service an. Er überlegt, ob er ein neues Produkt in sein Sortiment aufnehmen soll. Zur Auswahl stehen
a) ein kleiner Computer (Netbook),
b) ein Lesegerät für Online-Bücher.

1. In welchem Fall wird die Sortimentsbreite und in welchem die Sortimentstiefe erweitert? Begründen Sie Ihre Entscheidung.

2. Welche Bestimmungsgrößen sind bei der Festlegung eines Verkaufspreises wichtig?

3. Ermitteln Sie mit einer Vorwärtskalkulation, ob das Netbook zu einem Preis von 299,– Euro mit Gewinn verkauft werden kann. Der Einstandspreis beträgt 200,– Euro, die Handlungskosten 30 %. Skonto oder Rabatt werden nicht gewährt.

4. Beschreiben Sie für beide Geräte eine mögliche Zielgruppe.

5. Nennen Sie zwei mögliche Maßnahmen zur Verkaufsförderung.

6. Nennen Sie je einen Absatzweg für die neuen Produkte und eine passende Serviceleistung.

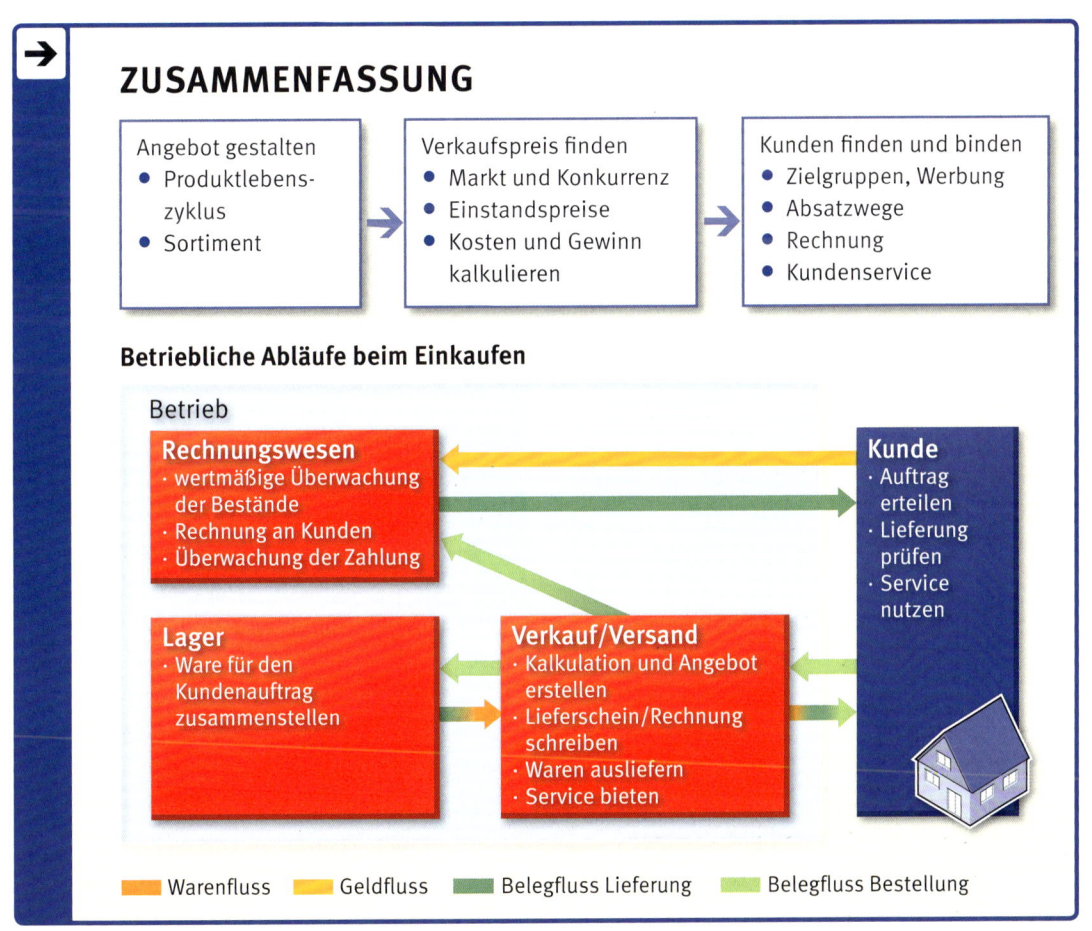

1 Bürgerbüro

2 Kunden am Empfang

3.4 Projektaufgaben

Projekt Bürgerbüro

Im Bürgerbüro werden unterschiedliche Dienstleistungen wie das Ausstellen von Personalausweisen angeboten 1 .

1. Mitarbeiter in einem Bürgerbüro haben oft Kundenkontakt. Nennen Sie jeweils zwei Merkmale für
a) ein korrektes Erscheinungsbild,
b) die richtige Körpersprache,
c) passende Mimik und Gestik.

2. Erläutern Sie, was beim Umgang mit Kunden besonders zu beachten ist.

3. Welche Fragen sind bei der Vorbereitung eines Kundengesprächs zu beantworten?

4. Sie stehen einem Kunden direkt gegenüber. Wie groß sollte der Abstand zu ihm sein? Begründen Sie Ihre Antwort.

5. Wodurch unterscheidet sich eine offene von einer geschlossenen Frage? Begründen Sie Ihre Antwort und formulieren Sie je zwei geschlossene und zwei offene Fragen.

6. Stellen Sie sich vor, dass Sie am Empfang eines Bürgerbüros 2 sitzen.
a) Wie begrüßen Sie einen Kunden richtig, der nachmittags ins Bürgerbüro kommt?
b) Welche Fragen stellen Sie ihm?

7. Eine Kundin kommt zu Ihnen. Sie ist aufgebracht und beschwert sich über die langen Wartezeiten 3 . Da zwei Mitarbeiter krank sind, können die Kunden nicht schneller bedient werden. Wie reagieren Sie auf die Kundin? Begründen Sie Ihre Antwort.

8. Für die Ausstellung von Personalausweisen und andere Dienstleistungen fallen oft Gebühren an.
a) Nennen Sie je zwei Arten der halbbaren und bargeldlosen Zahlung.
b) Welche Zahlungsarten sollten aus Ihrer Sicht im Bürgerbüro angeboten werden?

3 Verärgerte Kundin

4 Mit Kunden telefonieren

9. Im Bürgerbüro werden täglich große Mengen von unterschiedlichen Dokumenten erstellt und bearbeitet.
a) Nennen und beschreiben Sie drei Ablageformen für solche Dokumente.
b) Mit welchen Ablagesystemen lassen sich die Dokumente geordnet ablegen und wiederfinden?

10. Nennen Sie drei manuell zu bedienende Bürogeräte, mit denen Dokumente für die Ablage vorbereitet, zusammengefügt oder getrennt werden können.

11. Viele Dokumente müssen täglich im Bürgerbüro kopiert werden.
a) Sie sollen eine Kopie eines zehnseitigen Dokuments anfertigen. Entscheiden Sie, ob Sie einen Klein- oder Großkopierer dazu nutzen. Begründen Sie Ihre Aussage.
b) Nennen Sie drei Gründe für den Einsatz eines Großkopierers.

12. Nennen Sie drei vertrauliche Daten in Dokumenten.

13. Dokumente mit vertraulichen Daten sollen vernichtet werden.
a) Was muss bei der Zerstörung der Dokumente unbedingt sichergestellt werden?
b) Durch welche Geräte kann die fachgerechte Vernichtung erfolgen?

14. Eingehende und ausgehende Post muss fachgerecht behandelt werden.
a) Beschreiben Sie den Ablauf der Postbearbeitung im Posteingang.
b) Beschreiben Sie den Ablauf der Postbearbeitung im Postausgang.
c) Wählen Sie eine geeignete Kuvertierung für einen einseitigen Brief (DIN A4) und ermitteln Sie das benötigte Porto bei der Deutschen Post.

15. Viele Bürger benötigen Informationen und melden sich deshalb telefonisch.
a) Worauf ist bei einem Kundentelefonat 4 grundsätzlich zu achten?
b) Nennen Sie vier wichtige Regeln für die Begrüßung und die Gesprächsbeendigung bei Telefongesprächen im Büro.

1 Kundenanfrage

2 Beispiel Lieferschein

Projekt Versandhandel Büroartikel

Ein Versandhandel für Büroartikel bietet seine Produkte in Katalogen und im Internet an.

1. In einem Versandhandel sind mehrere Abteilungen notwendig.
a) Welche Abteilungen sollten unbedingt vorhanden sein?
b) Ordnen Sie den Abteilungen Aufgaben zu.

2. Der Versandhandel erhält einen Kundenauftrag zur Lieferung eines Kopierers. Der Kopierer wird vom Versandhandel bei einem Lieferanten bestellt.
a) Beschreiben Sie den Durchlauf dieses Kundenauftrages im betrieblichen Ablauf des Versandhandels. Ordnen Sie den zuständigen Abteilungen die Arbeitsvorgänge zu.
b) Beschreiben Sie den Warenfluss vom Lieferanten des Kopierers über den Versandhandel bis zum Kunden.
c) Beschreiben Sie den Geldfluss zu diesem Kundenauftrag aus der Sicht des Versandhandels.

3. Ein Kunde möchte verschiedene Produkte bestellen. Dazu fragt er beim Versandhandel für Büroartikel an **1**.
a) Erstellen Sie ein schriftliches Angebot mit selbst festgelegten Daten. Beachten Sie die DIN-Norm für einen Geschäftsbrief.
b) Sie können dem Kunden das Angebot per E-Mail zusenden. Erläutern Sie, was beim Versand von E-Mails zu beachten ist.

4. Der Kunde bestellt die Ware beim Versandhandel für Büroartikel.
a) Nennen Sie die Angaben, die in eine Bestellung gehören und erläutern Sie, warum.
b) Formulieren Sie mithilfe eines Textverarbeitungsprogramms eine Bestellung für die in Bild **1** angegebenen Artikel.
c) Wie kommt ein Kaufvertrag zustande?
d) Nennen Sie die Angaben, die auf einer Rechnung unbedingt stehen müssen.
e) Fertigen Sie mithilfe eines Textverarbeitungsprogramms einen Lieferschein **2** an.
f) Erstellen Sie mithilfe eines Textverarbeitungsprogramms eine Rechnung für den Kunden.

Projektaufgaben

3 Paketversand

	Einstandspreis	0,59 €
+	Handlungskostenzuschlag (25 %)	
=	Selbstkosten	
+	50 % Gewinn	
=	Barverkaufspreis	
+	2 % Kundenskonto	
=	Zielverkaufspreis	
+	Kundenrabatt	
=	Nettoverkaufspreis	
+	19 % Umsatzsteuer	
=	Bruttoverkaufspreis	

4 Vorwärtskalkulation

5. Ein Kunde bestellt beim Versandhandel laut Katalog verschiedene Büromaterialien für insgesamt 281,95 € (netto). Aufgrund einer Sonderaktion erhält er 10 % Rabatt. Wenn er innerhalb von 14 Tagen bezahlt, bekommt er 2 % Skonto.
a) Erstellen Sie mithilfe eines Tabellenkalkulationsprogramms eine Tabelle für die Rechnung an den Kunden.
b) Berechnen Sie mit dem Kalkulationsprogramm den Betrag, den der Kunde zahlen muss, wenn er Skonto in Anspruch nimmt.

6. Die bestellte Ware eines Kunden wird per Paket versendet 3 . Dabei müssen bestimmte Abläufe beachtet werden. Beantworten Sie folgende Fragen:
a) Was ist zu tun?
b) Wer ist zuständig?
c) Wann ist etwas zu tun?

7. Der Kunde bezahlt per Nachnahme.
a) Um welche Zahlungsart handelt es sich dabei?
b) Nennen Sie zwei weitere Zahlungsarten.

8. Ein Büroartikelversandhandel kann verschiedene Dienstleistungen als Kundenservice anbieten.
a) Nennen Sie zwei Dienstleistungsarten.
b) Nennen und erläutern Sie drei Dienstleistungen eines Büroartikelversandhandels.

9. Um das Angebot des Büroartikelversandhandels sinnvoll zu erweitern, werden Informationen über mögliche Kunden benötigt.
a) Beschreiben Sie, was eine Zielgruppe ist.
b) Legen Sie eine Zielgruppe für Büroartikel fest und begründen Sie Ihre Entscheidung.
c) Überlegen Sie, wie Informationen über eine Zielgruppe ermittelt werden können.

10. Der Versandhandel möchte sein Sortiment erweitern. Es sollen neue Fineliner angeboten werden.
a) Ermitteln Sie den Bruttoverkaufspreis mithilfe der Vorwärtskalkulation. Benutzen Sie die Informationen in Bild 4 .
b) Nennen und beschreiben Sie drei Bestimmungsgrößen für die Verkaufspreisfestlegung.

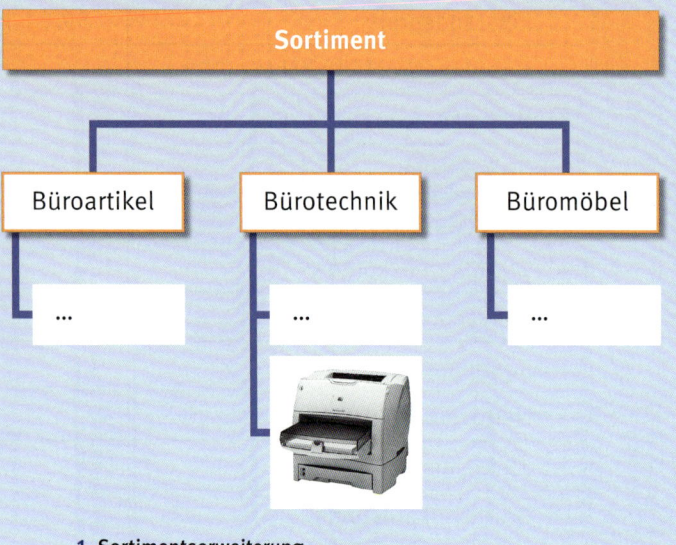

1 Sortimentserweiterung

2 Warenannahme

11. Der Versandhandel für Büroartikel will Drucker in sein Sortiment aufnehmen **1**.
a) Suchen Sie im Internet nach möglichen Herstellern.
b) Erstellen Sie eine Excel-Tabelle, in der drei mögliche Anbieter mit Kontaktdaten aufgeführt sind.
c) Formatieren Sie die Tabelle so, dass sie übersichtlich und anschaulich wird.

12. Die Drucker werden geliefert.
a) Welche Schrittfolge ist bei der Warenannahme **2** zu befolgen?
b) Wie müssen Sie handeln, wenn die angelieferte Ware beschädigt ist?

13. Die neu gelieferte Ware muss im Bestand erfasst werden.
a) Welche Möglichkeit der Bestandserfassung kennen Sie?
b) Erläutern Sie die Veränderung des Lagerbestandes bei Warenzugängen und Warenabgängen.
c) Nennen Sie die Merkmale einer laufenden Inventur und einer Stichtagsinventur.

14. Es kommen immer wieder neue Produkte auf den Markt. Beschreiben Sie den Produktlebenszyklus eines Tablet-PCs.

15. Unterscheiden Sie den direkten und den indirekten Vertrieb.

16. Durch welche Maßnahmen lässt sich der Verkauf von Produkten fördern? Erläutern Sie die genannten Maßnahmen.

17. Ein neues Produkt Ihrer Wahl soll beworben werden. Wählen Sie geeignete Werbemaßnahmen aus, um den Verkauf des Produktes zu unterstützen.
a) Legen Sie eine Zielgruppe für das neue Produkt fest. Begründen Sie Ihre Auswahl.
b) Nennen Sie vier Werbemaßnahmen, mit denen Sie das neue Produkt anpreisen könnten.
c) Entscheiden Sie sich für eine Werbemaßnahme und begründen Sie Ihre Auswahl.
d) Gestalten Sie selbstständig ein Werbeplakat für Ihr Produkt.

ZUSAMMENFASSUNG

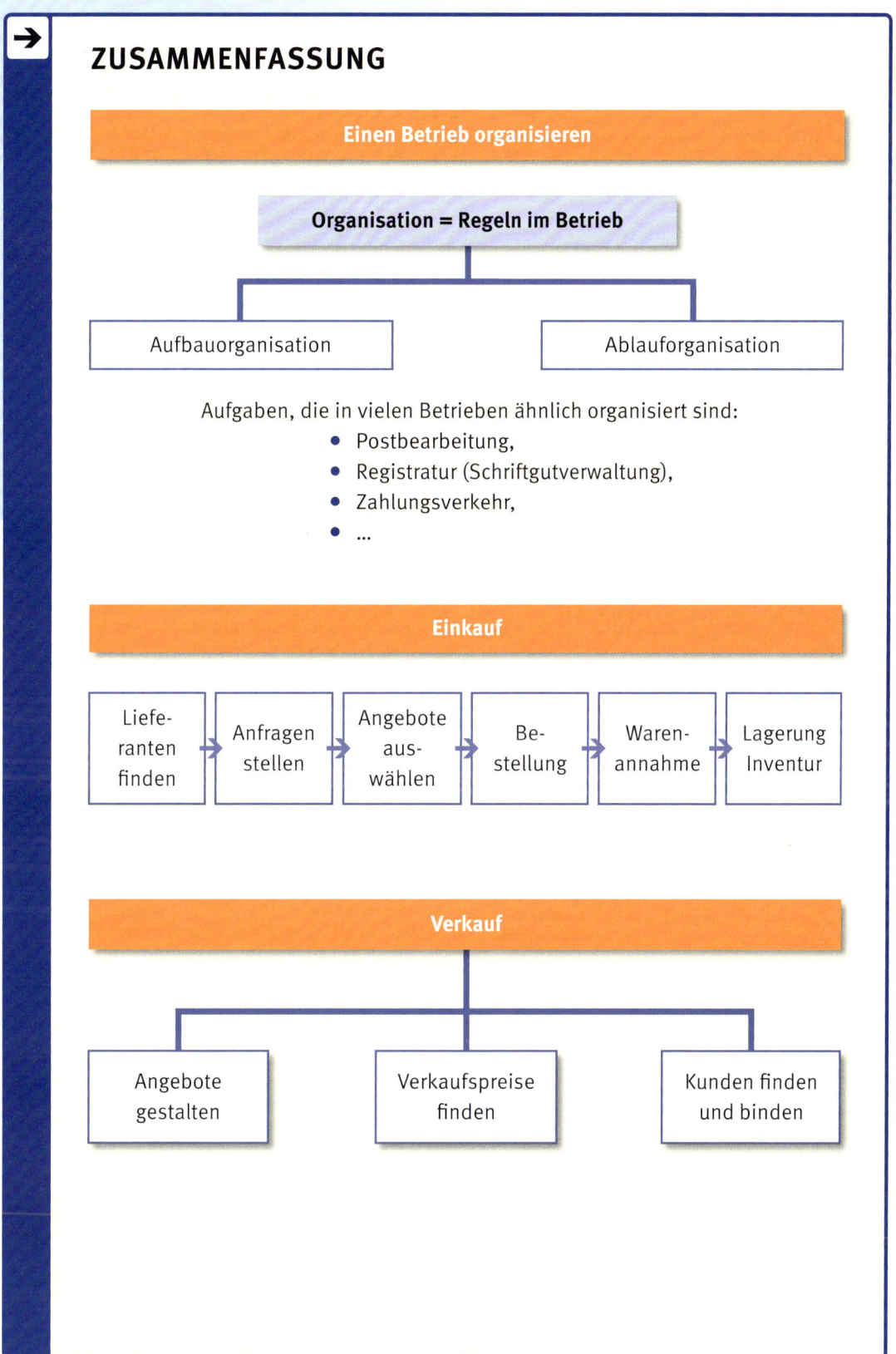

Register

A

Ablageformen 70
Ablagesysteme 70
Ablaufpläne 63
Absatzweg 99
Abteilungen 62
AIDA-Prinzip 97
Aktenvernichter 17
Anfrage 78
Angebot 79
Angebotsvergleich 80
Anlagen 52
Anrede 52
Anwendungssoftware 21
Arbeitsbedingungen 15
Aufbewahrungsfristen 71
Ausbildungsvertrag 8
Ausgangspost 68

B

bargeldlose Zahlung 73
Barzahlung 72
Begrüßung 45
BERUFENET 9
Berufsberater 9
Berufsgenossenschaften 14
Berufsinformations-
zentrum 9
Bestellung 82
Betreffzeile 52
betrieblicher Auftrag 64
Betriebssystem 21
Bezugskosten 81
Briefkopf 52
Brieftext 52
Briefversand 68
Browser 36
Büroeinrichtung 13
Bürotechnik 16

C

CPU 20
Cursor 25

D

Dateien 22
Diagramme 31
Dienstleistung 102
direkter Vertrieb 99
Direktwerbung 98
Drucken 27
Duale Berufsausbildung 8

E

einfache Hierarchie 63
Einsatzgebiete 6
Einstandspreis 81
Einzelkosten 95
E-Mail 35
Entscheidungsbefugnis 63
Ergonomie 14
ergonomische
Sitzhaltung 15
Erscheinungsbild 43
EVA-Prinzip 20

F

Falten 69
Fax 19
Faxgerät 19
Formatieren 26
Frankieren 69
Fußzeile 52

G

Gemeinkosten 95
geschäftliches Telefonge-
spräch 48
Geschäftsbrief 50
geschlossene Frage 46
Gespräch 44
Gespräch mit Kunden 46
Gesprächsvorbereitung 44
Gestik 42
Grußformel 52

H

halbbare Zahlungen 72
handschriftliche
Unterschrift 52
Handelsspanne 94
Handwerkskammer 7
Hardware 20
Hierarchie 63
Homepage 37

I

Image-Werbung 97
Improvisation 61
indirekter Vertrieb 99
Individualsoftware 21
Industrie- und Handels-
kammer 7
Internet 36
Internet Explorer 36
Inventar 87
Inventur 87

K

Kalkulation 94
Kassenbuch 74
Kaufvertrag 84
Kommunikationsangaben 52
Konditionen 79
Kopieren 17
Körperpflege 43

Körpersprache 42
Kundenservice 102
Kuvertieren 69

L
Lager 88
Lagerarten 88
Lagerbestand 86
Lagerfunktionen 88
Lagerkarte 86
Lagerkartei 86
Lagerung 100
Lieferantenkartei 77
Lieferschein 100

M
mehrstufige Hierarchie 63
Microsoft Excel 28
Microsoft Outlook 34
Microsoft PowerPoint 32
Microsoft Word 24
Mimik 42

O
offene Frage 46
Öffentlichkeitsarbeit 98
Organigramm 63
Organisation 59
Organisationsgestaltung 60
Organisationshandbuch 61

P
Paketversand 68
Phasen des Produktlebenszyklus 91
Postausgang 67
Posteingang 66

Poststelle 66
Präsentation 33
Product Placement 98
Produktlebenszyklus 91

R
Rabatt 81
Rechnung 101
Registratur 70

S
Schreibmaschine 19
Sicherungskopie 23
Signale 41
Signatur 35
Skonto 81
Software 21
Sortiment 92
Spalten 28
Speichermedien 71
Speichern 27
Speicherschreibmaschine 19
Sponsoring 98
Standardsoftware 21
Stelle 62
Stellenbeschreibung 62
Systemsoftware 21

T
Tabellenkalkulationsprogramm 30
Tastatur 25
Tätigkeiten 6
Telefonanlage 18
Textverarbeitungsprogramm 24

U
Umsatz 91

V
Verkaufsförderung 98
Verkaufspreis 93
Verteilervermerk 52
vertrauliche Daten 17
Vertrieb 99

W
Warenannahme 85
Warenlieferung 100
Weisungsbefugnis 63
Werbeträger 97
Werbung 97
Wertschätzung 41
Wiedervorlagesystem 71
Windows Explorer 22
Wirtschaften 59
Wirtschaftlichkeit 80

Z
Zahlungsausgang 72
Zahlungsbelege 73
Zahlungseingang 72
Zeile 28
Zelle 28
Zielgruppe 96
Zuschlagskalkulation 95

Bildquellenverzeichnis

adpic Bildagentur, Bonn: 6.2 (A. Trautmann), 57.4 (Yuri Arcurs), 105.3 (M. Jordan), 105.4 (B. Reitz-Hofmann);
Advantage Media Service, Vechta: 96.3;
allesalltag, Hamburg: 45.3, 57.2;
bit Verlag Weinbrenner GmbH & Co. KG, Leinfelden Echterdingen: 15.2;
BMW Werk Leipzig, Leipzig: 88.1;
Bundeszentrale für gesundheitliche Aufklärung (BZgA), Köln: 97.5;
Caro Fotoagentur GmbH, Berlin: 98.2 (Stefanie Preuss), 100.1 (Jandke), 102.1 (Westermann);
Corbis, Düsseldorf: 7.3 (Sullivan), 87.2 (Ocean);
Dägling, Andreas, Wardenburg: 92.1;
Druwe & Polastri, Cremlingen/Weddel: 5.3, 7.44, 8 (beide), 16.1, 17.2, 20.1, 40.2, 58 (beide), 60.1, 60.2, 66.1, 67.1, 68 (alle), 70 (alle), 71.4, 76.1, 101.3;
Fabian, Michael, Hannover: 76.2;
Faßbinder, D., Wenden: 11.2;
Fischer, J.- A., Hannover: 92.2a;
Focus Photo- u. Presseagentur, Hamburg: 43.5 (Tobias Everke);
fotolia.com, New York: 57.1 (pressmaster), 57.3 (Nerlich Images), 96.4 (mariok1979);
Freese, H., Steinhude: 92.2b;
Gossen Metrawatt GmbH, Nürnberg: 102.2;
iloxx AG, Nürnberg: 107.3;
Indrich, Robert, Weilheim: 33.3;
iStockphoto, Calgary: 96.2 (David Sucsy);
Klingsiek, Georg, Petershagen: 25.2;
Köcher, Ulrike, Hannover: 49.4;
Lonely Planet Images, Berlin: 37.2;
Mathias, Erhard, Reutlingen: 21.2;
mauritius images, Mittenwald: 11.3 (imagebroker/Michael Weber);
Metro AG, Düsseldorf: 85.2;
Meyer-Werft, Papenburg: 12.2;
PhotoAlto direct GmbH, Müllheim: 6.1 (Odilon Dimier);
Picture-Alliance, Frankfurt/M.: 5.1 (Zentralbild), 40.1 (ZB/Andreas Lander), 43.4 (CHROMORANGE), 47.3 (Frank Leonhardt), 90.1 (Jens Schierenbeck), 98.1 (Bernd Thissen);
Rund, Wolfgang, Kassel: 22.1, 23 (alle Screenshots), 24.1, 25.3, 26.2, 27 (beide), 28.1, 29 (alle), 30 (alle), 31.3, 32.1, 33.2, 34.1, 35 (beide), 36.1, 37.3, 54.1, 55.1, 77 (beide);
SeaTops, Karlsruhe: 104.1 ;
Stefan Kiefer Fotografie, Regensburg: 99.3;
STOCK4B GmbH, München : 23.2 (J. König);
vario images GmbH & Co. KG, Bonn: 48.1 (bilderlounge), 48.2 (foto-begsteiger), 88.2 (Stefan Kiefer), 96.1;
Vielhauer, Stefanie, Gelsenkirchen: 108.2;
Visum Foto GmbH, Hamburg: 104.2 (Christopher Clem Franken);
Werbefotografie Weiss GmbH, Gersthofen: 11.1;
wikipedia.org: 39.2;
www.reportdigital.co.uk, Stratford upon Avon: 5.2 (© Paul Box).